HEYNE

Karsten Dusse

Halbwissen eines Volljuristen

Handbuch für den Rechtsstaat

Wilhelm Heyne Verlag
München

Die Originalausgabe erschien 2015
im Piper Verlag GmbH, München/Berlin.

MIX
Papier | Fördert gute Waldnutzung
FSC® C014496

Penguin Random House Verlagsgruppe FSC® N001967

Neuausgabe 04/2023

3. Auflage

Der Wilhelm Heyne Verlag, München, ist ein Verlag
der Penguin Random House Verlagsgruppe GmbH,
Neumarkter Straße 28, 81673 München
produktsicherheit@penguinrandomhouse.de
(Vorstehende Angaben sind zugleich
Pflichtinformationen nach GPSR)
Umschlaggestaltung: Cornelia Niere, München
unter Verwendung eines Motives von rawpixel – lady justice
Satz: satz-bau Leingärtner, Nabburg
Druck: GGP Media GmbH, Pößneck
Printed in Germany
ISBN: 978-3-453-60612-8

www.heyne.de

Für Lina

Inhalt

Vorwort zur Neuausgabe 2023

Lieber Leserinnen und Leser,

ich habe dieses Buch im Jahre 2014 geschrieben.

Voller Liebe für unseren Rechtsstaat. Mit all seinen Unzulänglichkeiten.

Die Prinzipien des Rechtsstaates einzuhalten, ist einfach. Man muss es nur wollen.

Wie einfach diese Prinzipien sind, will Ihnen dieses Buch vermitteln. Es ist von daher aktueller denn je.

Mit herzlichen Grüßen

Karsten Dusse

Vorwort zur Erstausgabe 2015

Die Welt, in der wir leben, wird immer komplizierter. Also brauchen wir auch immer mehr Gesetze.
Das ist totaler Humbug.
Die Welt, in der wir leben, ist nicht die Bohne komplizierter geworden als zu Zeiten der Zehn Gebote. Jeder Mensch wird geboren, und jeder Mensch stirbt. Die Grundbedürfnisse aller Menschen sind seit jeher Wärme, Nahrung und Schlaf. Störende Nachbarn gab es immer, Alkohol, Lügen und entsprechend vorschnell eingegangene Ehen ebenfalls. Daran hat sich weder durch die Globalisierung noch durch Facebook oder die Einführung der »heute«-App irgendetwas geändert.
Der einzige Unterschied ist, dass früher 10 Gebote völlig ausreichten, um alles Wesentliche zu regeln. Heute gilt es schon als Vereinfachung, wenn ein Paragraf weniger als 10 Absätze hat. Früher war allerdings auch Moses Justizminister und nicht Heiko Maas.
Gesetze sollten, früher wie heute, dazu da sein, das Leben zu vereinfachen. Tun sie das nicht, sind die Gesetze schlecht. Zum Glück leben wir in einem Staat, in dem die schlechten Gesetze als Ausrutscher auffallen, und nicht die guten. Anders wäre blöd.
In diesem Buch geht es um das, was gut ist. Und das Gute im Rechtsstaat hat System. Dieses System und meine Begeisterung dafür würde ich Ihnen gerne auf den nächsten Seiten näherbringen –

oberflächlich genug, um nicht zu langweilen – hintergründig genug, um nicht als oberflächlich zu gelten. Sprich: mit dem fundierten Halbwissen eines durchschnittlichen Volljuristen.
Ein Volljurist ist ein Mensch mit zwei juristischen Staatsexamina. Das Halbwissen eines Volljuristen entspricht somit rein rechnerisch dem geistigen Niveau eines Theodor von Guttenberg – der hat nur ein juristisches Staatsexamen, macht damit aber trotzdem auf dicke Hose.
Mit dem Halbwissen dieses Buches sollten Sie ebenfalls dazu in der Lage sein – zumindest vor Mitmenschen ohne jegliche juristische Ausbildung –, erfolgreich so zu tun, als hätten Sie juristisch ziemlich was auf dem Kasten. Und nach der Lektüre dieses Buches haben Sie vielleicht ein wenig mehr Spaß am Rechtsstaat.

Mit besten Grüßen

Karsten Dusse
– Rechtsanwalt –

DER RECHTSSTAAT

Kurzzusammenfassung aller Regeln

§ 1 Kein Mensch ist vollkommen.

§ 2 Damit Menschen trotz § 1 miteinander leben können, brauchen sie Regeln.

§ 3 Regeln werden von Menschen gemacht. Da es keine vollkommenen Menschen gibt, gibt es auch keine vollkommenen Regeln.

§ 4 Wer Ihnen etwas anderes erzählt, fällt unter § 1.

Rechtsstaat? Was ist das denn?

Die Definition für Rechtsstaat ist relativ simpel:
»Alle haben immer die gleichen, einklagbaren Rechte.« Verwechseln Sie das bitte nicht mit einer ähnlichen klingenden Definition:
»Immer hat der oder die Gleiche alle Rechte, klagt aber trotzdem.« Letzteres ist die Definition für Ehe und bietet die wundervolle Möglichkeit, innerhalb des Rechtsstaates ganz legal seine Vorlieben für diktatorische Lebensformen auszuleben. Dazu aber gesondert im Kapitel »Die Ehe«.

Der Rechtsstaat ist keine vollkommene Welt, egal, ob Sie verheiratet sind oder nicht. Der Rechtsstaat ist lediglich eine recht erfolgreiche Möglichkeit, in einer unvollkommenen Welt zu leben. Philosophisch gesehen, ist es völlig unstrittig, dass wir Menschen nicht vollkommen sind. Das beruhigt. Damit können wir uns schon mal den Stress sparen, so tun zu müssen, als ob ein vollkommenes Leben möglich wäre. Ist es nicht. Völlig egal, was Ihnen Parteien, ZDF-Sonntagsfilme oder die Werbung vorgaukeln.

Bleibt also im Diesseits nur noch der Stress, mit der menschlichen Unvollkommenheit zu leben.

Eine Schwäche der menschlichen Natur ist es, dass der Mensch stets bereit ist, nach der Macht zu greifen, wie schon John Locke, der englische Philosoph, wusste. Je schwächer der Mensch, desto

größer der Machtwille. Das kann mitunter zu Nachbarschaftsstreitigkeiten und Weltkriegen führen.
Ein weitverbreitetes Hilfsmittel, Nachbarschaftsstreitigkeiten und Weltkriege zwischen unvollkommenen Machtmenschen nicht eskalieren zu lassen, sind Regeln. Zum Beispiel die des Nachbarschafts- oder des Völkerrechts.
Regeln sind also prinzipiell erst mal etwas Gutes.
Wie alles, was prinzipiell gut ist, lassen sich aber auch Regeln wunderbar verhunzen.

Die verschiedenen Regeln

Es gibt im Prinzip nämlich nur drei Arten von Regeln:

- Regeln von einem unfehlbaren Wesen außerhalb der Menschheit.
- Regeln von einem unfehlbaren Menschen.
- Regeln von fehlbaren Menschen.

Regeln von einem unfehlbaren Wesen außerhalb der Menschheit

Menschen, die zwar einen großen Machtwillen, aber nicht das Rückgrat haben, persönlich zu ihrer Machtgeilheit zu stehen, erfinden sich gerne eine höhere Legitimation. Die Verantwortung für den Irrsinn, den sie veranstalten, geben sie gerne einem Gott. Anstatt zu sagen: »Ich will nicht, dass ihr Spaß am Leben habt«, heißt es dann: »Gott will nicht, dass ihr Spaß am Leben habt.«

Die Legitimation für ihre Macht ist in diesem Falle: »Weil Gott es so will.«
Dieses Prinzip gilt für die katholische Kirche genauso wie für den Islamischen Staat.
Mit diesem Prinzip können überteuerte Bischhofsbadewannen in Limburg genauso gerechtfertigt werden wie Massenenthauptungen im Irak. Denn in einem solchen System werden die Regeln von Gott persönlich gemacht, vom jeweiligen Machthaber – natürlich nur stellvertretend – durchgesetzt, und Verstöße auf Erden werden lediglich im einstweiligen Rechtsschutz vom Machthaber für Gott geahndet. Endgültige Urteile fällt ja erst nach dem Tod das Jüngste Gericht.
Ein solches System hat in der Regel den Nachteil einer negativen Klimabilanz. Die zahlreichen Scheiterhaufen belasten schlicht und ergreifend die CO_2-Werte.

Regeln von einem unfehlbaren Menschen

Wer nach der Macht greift, weil er sich selbst ziemlich geil findet und obendrein auch die Eier dazu hat, das genauso schamlos zu sagen, der gründet einfach eine Diktatur. Ein Diktator braucht keinen Gott unter sich. Natürlich kann man jede Diktatur auch noch philosophisch damit untermauern, dass entweder die eigene Familie oder zumindest die eigene Rasse genetisch Güteklasse A sei, aber der Grundgedanke ist immer derselbe: Es gibt einen Chef, der sich ziemlich cool findet und daraus auch keinen Hehl macht.
Die Legitimation für Macht ist in diesem Falle: »Weil ich es so will.«
Und weil der Chef in der Regel auch multitaskingfähig ist, macht

er die Regeln nicht nur, er setzt sie auch durch und urteilt über Verstöße. Oder lässt dies tun, durch – meist uniformiertes – Personal.

Nach diesem Prinzip lässt sich Syrien genauso führen wie Arcandor.

Der Nachteil eines solchen Systems besteht in der Regel darin, dass man nicht mehr entspannt Karneval feiern kann, weil alle Pappnasen mit Führungsverantwortung schon das ganze Jahr über in lustigen Kostümen durch die Gegend laufen.

Regeln von fehlbaren Menschen

Wer nach der Macht greift und einsieht, dass seine Vollkommenheit genauso limitiert ist wie die aller anderen Menschen, die ebenfalls nach der Macht greifen, der erkennt irgendwann drei Dinge:

- dass seine Mitmenschen genau das gleiche Recht auf Macht haben wie er selber,
- dass alle Menschen genauso fehlbar sind wie er selber und
- dass Gott sich das Ganze, wenn überhaupt, gerne einfach nur von oben anschaut.

Auf dieser Basis lässt sich dann mit den anderen, genauso gepolten Menschen zusammen ein Staat bilden, in dem sich alle Beteiligten ihre Regeln selber geben.

Die Legitimation für Macht ist in diesem Falle: »Weil wir es so wollen.«

Der große Nachteil dieses Systems besteht darin, dass es keinen Gott und keinen Diktator gibt, dem man die Schuld geben kann, wenn sich herausstellt, dass manche der Regeln ziemlicher

Mumpitz sind. Dafür wird man in der Regel aber auch weder erschossen noch geköpft oder öffentlich verbrannt, wenn man diese Zweifel am System offen ausspricht.

Da fehlbare Menschen schnell überfordert sind, teilen sie sich die Arbeit. Die einen machen die Gesetze, die anderen setzen sie durch, und wer dann noch übrig ist und Lust hat mitzuarbeiten, darf zwei juristische Staatsexamina machen und über die Einhaltung der Regeln seitens der Bürger und seitens des Staates urteilen. In dieser Art der Regelgebung sind die wesentlichen Elemente eines Rechtsstaates enthalten.

Während es solche Staatsformen immer gegeben hat, die ihre Macht von einem sehr coolen Gott oder einem noch geileren Menschen ableiten, ist die Staatsform »Rechtsstaat« eine vergleichbar junge Erfindung.

Die Geschichte des Rechtsstaates

Die Aufklärer

Angefangen hat das Ding mit dem Rechtsstaat mit der Epoche der Aufklärung im 18. Jahrhundert. Bei der Aufklärung ging es damals nicht (nur) um den korrekten Gebrauch von Geschlechtsteilen, sondern eher um den korrekten Gebrauch von Gehirnen. Im Vordergrund stand die Frage: Wie kann man eine Gesellschaft durch den Gebrauch von Vernunft verbessern?

Der erste Schritt, etwas besser zu machen, ist zunächst einmal, zu erkennen, was im herrschenden System eigentlich schlecht ist. In Gottesstaaten und Diktaturen ist allein die Äußerung einer solch

banalen Erkenntnis tendenziell schon mal karrierehindernd. Daran hat sich im Grunde in Unternehmen mit führungsschwachen Abteilungsleiterfürsten bis heute nichts geändert.
Den Aufklärern war das Fortkommen der Menschheit allerdings wichtiger als der nächste Weihnachtsbonus, und deshalb machten sie aus ihrer Kritik am System keinen Hehl. Vor allem ging es ihnen auf den Keks, dass sich im 17. Jahrhundert die Freunde von »Weil Gott es so will« und »Weil ich es so will« zusammengeschlossen hatten zu dem Konzept »Weil Gott will, dass ich es so will«. Dieses Prinzip nannte sich Absolutismus.
Zum einen störte die Aufklärer, dass der Absolutismus für die an diesem Konzept unbeteiligten Untertanen absoluter Blödsinn war, zum anderen lehnten sie sich dagegen auf, weil die Herrscher mit dieser Begründung absolute Macht hatten und ihren Untertanen die Freude an Leben, Freiheit und Eigentum mächtig verhageln konnten. Es gab keine gesicherten Grundrechte, und alle Gesetze konnten willkürlich erlassen und durchgesetzt, vor Gericht aber nicht überprüft werden.
Die Aufklärer waren der Meinung, dass es suboptimal sei, wenn Grundrechte wie Leben, Freiheit und Eigentum permanent von der Tagesform eines wie auch immer legitimierten machtbesessenen Menschen abhängig sind. Sie fanden die Idee ganz putzig, von verbindlichen Gesetzen regiert zu werden und nicht von unverbindlichen Idioten.
Ohne den TÜV zu kennen, hatten die Aufklärer die Idee, verbindliche Gesetze müssten nicht nur gut gemacht, sondern auch gut angewandt und auf ihre richtige Anwendung hin kontrolliert werden. Auch dies möglichst nicht von ein und demselben Idioten. Also wie heute beim Auto: der eine baut es, der andere fährt es, und der TÜV kontrolliert es.

Begeisternde Ideen wie Aufklärung oder Absolutismus lassen sich nur schwer aus Köpfen entfernen. Köpfe hingegen lassen sich mit einer Guillotine sehr einfach entfernen – ganz gleich, welche Ideen drin sind.

Die Aufklärer waren deshalb Freunde des Teilens. Vor allem des Teilens der staatlichen Gewalt. Das Machen von Gesetzen (Legislative), das Durchführen von Gesetzen (Exekutive) und das Kontrollieren der Einhaltung von Gesetzen (Judikative) sollte nach ihrem Willen auf jeweils voneinander unabhängige Stellen aufgeteilt werden. Damit war zunächst einmal der Grundgedanke des modernen Rechtsstaates geboren: Um das Grundrecht auf Leben, Freiheit und Eigentum zu schützen, braucht der Staat Gewaltenteilung und damit die Möglichkeit der rechtlichen Kontrolle.

Um eine sehr lange Erfolgsgeschichte mit vielen Rückschlägen sehr kurz zu machen:

Die größten Aufklärer waren Engländer. Und weil England den Kanal ziemlich schnell voll hatte von all diesen Ideen, schwappten sie schnell über den Kanal rüber, nach Frankreich. Umgesetzt wurden diese Ideen auf dem europäischen Kontinent dann erstmals mit Hilfe der Französischen Revolution. Weil die Franzosen im Zuge ihrer Revolution ein recht marschierfreudiges Völkchen waren, marschierten die Ideen der Aufklärung einfach mit. Quer durch Europa. Unter anderem nach Deutschland. Da immer mehr deutsche Landesfürsten im Angesicht der Revolution und ihrer Guillotinen der Ansicht waren, es sei besser, ein paar eigene Rechte abzugeben als den eigenen Kopf, nahmen immer mehr Landesfürsten zarte aufklärerische Gedanken in ihren Landesverfassungen auf. Sehr populär waren solche Gesetze, die den Schutz des Eigentums und die Freiheitsrechte der Untertanen betrafen. Und zwar in jedem der zahlreichen deutschen Fürstentümer auf andere Art und Weise.

Der Föderalismus

Das Grundproblem Deutschlands war damals nämlich das gleiche wie heute: Kleinstaaterei. Sie können zwar überall in Deutschland, in Bayern genauso wie in NRW, ohne jegliche Niveau-Unterschiede beim Fußballspiel rotzbesoffen in der Sprache Goethes »Schalalala« grölen.
Aber versuchen Sie mal mit einem Kind in der siebten Klasse von Nordrhein-Westfalen nach Bayern einen Schulwechsel hinzube-

Wie man »Schallallallalla« grölt, weiß in jedem Bundesland jedes Kind. Wie man es schreibt, leider nicht. Das ist Föderalismus.

kommen. Da nützt Ihnen das beste »Schalalala«-Grölen nix mehr. Da reist Ihr Kind in eine andere Welt und wird sich wegen der durchaus vorhandenen Niveau-Unterschiede in viele schlaflose Nächte weinen. Das Problem der verschiedenen Fürstentümer innerhalb Deutschlands nennt und nannte sich »Föderalismus«. Heute wie damals wird die Gesetzgebungskompetenz in allen möglichen nebensächlichen Dingen – wie Schule oder Polizei – von lokalen Fürsten bestimmt.

Die Paulskirchenverfassung

Im Gegensatz zu heute wurde im 19. Jahrhundert aber ernsthaft versucht, diesem Spökes ein Ende zu bereiten. Die Deutschen wollten ein einheitliches Land mit einheitlichen Regeln. Dafür gingen sie auf die Straße. So um den März 1848 rum. Nach dieser sogenannten März-Revolution von 1848 versuchten die deutschen Bürger aus dieser Kleinstaaterei heraus eine einheitliche Nation zu gründen. Dazu versammelten sie sich in der Frankfurter Paulskirche und sannen über eine gemeinsame Verfassung. Deutschland sollte als Staatsoberhaupt zwar einen »Weil-ich-es-so-will«-Kaiser bekommen. Dieser sollte aber an die »Weil-wir-es-so-wollen«-Gesetze gebunden sein. Leider ließ sich dieser Kaiser nicht finden.

Anders als heute scheiterte diese erste Föderalismusreform nicht an Bayern. Sie scheiterte an Bayern und Preußen. Beide Länder hatten kein Interesse daran, für ein geeintes Deutschland auf Macht zu verzichten. Der preußische König lehnte die Kaiserkrone schlicht ab. Von Gott würde er eine Kaiserkrone wohl nehmen. Vom Volke nicht.

Zwar ließ sich der preußische König in den folgenden Jahren dann tatsächlich von Gottes Gnaden zum Kaiser von Deutschland krönen, weigerte sich aber weiterhin standhaft, einklagbare Grundrechte nach dem Vorbild der Paulskirchenverfassung in die Verfassung aufzunehmen.

Die Weimarer Verfassung

Einen Weltkrieg und mehrere Millionen Tote später versuchten die Deutschen mit Gründung der sogenannten Weimarer Republik 1919 erneut, sich eine Verfassung mit Grundrechten und Gewaltenteilung zu geben. Für ganz Deutschland, nach dem Vorbild der Verfassung von 1848.
Diese Verfassung enthielt einklagbare Grundrechte, sogar Frauenwahlrecht, und statt eines Kaisers einen starken Reichspräsidenten als Staatsoberhaupt. Diese Weimarer Verfassung beinhaltete allerdings so viel Freiheit, dass leider auch das Parlament die Freiheit hatte, die Grundrechte wieder abzuschaffen. Von dieser Freiheit, die Freiheit wieder abzuschaffen, machten dann eine demokratisch gewählte rechte Mehrheit und der Reichspräsident 1933 regen Gebrauch.

Das Grundgesetz

Einen weiteren Weltkrieg und noch mehr Millionen Tote später haben die Deutschen sich dann – unter freundlicher Mithilfe der westlichen Besatzungstruppen – das heutige Grundgesetz gegeben. Und das Grundgesetz hat nicht nur Freiheitsrechte, einklagbare Grundrechte und Gewaltenteilung. Es enthält vor allem das Verbot, all dies wieder abzuschaffen – egal, welche Mehrheit das will.

Zehn Gründe

Vor diesem opulenten geschichtlichen Hintergrund gibt es heute exakt zehn Gründe, die einen Aufenthalt in unserem Rechtsstaat lohnenswert machen. Dies sind die Grundprinzipien, auf denen unser Rechtsstaat aufgebaut ist:

- Grundrechte
- Gewaltenteilung
- Gleichbehandlung
- Gesetzesvorbehalt
- Gesetzesvorrang
- Verhältnismäßigkeitsgrundsatz
- rechtliches Gehör
- gesetzlicher Richter
- Unabhängigkeit der Gerichte
- Rechtsweggarantie

Das sind in erster Linie sehr viele Sachen mit dem Buchstaben »G«, die man sehr schlecht behalten kann. Es geht aber auch einfacher. Der einzige, alles entscheidende Grund, sich hier wohlzufühlen, der Grund, der alle Grundprinzipien des Rechtsstaates umfasst, ist wesentlich schneller nachvollziehbar: das sonntägliche Frühstück.

Unser Rechtsstaat hat den enormen Vorteil, dass Sie beim sonntäglichen Brötchenkauf in der Regel nicht Gefahr laufen, willkürlich verhaftet zu werden. Das erleichtert das gemeinsame Wochenendfrühstück ungemein. Für den durchschnittlichen Einwohner von Castrop-Rauxel mit Hang zu Aufbackbrötchen mag das banal klingen. Für den Insassen eines schattigen Geheimgefängnisses, der von freundlichen Revolutionsgarden, sympathischen Gotteskriegern oder zuvorkommenden Geheimpolizisten vor der Bäckerei vom Fahrrad gezerrt wurde und für unbestimmte Zeit festgehalten wird, ist ein ungestörtes Sonntagsfrühstück aber ein Wert an sich. Alle zehn Prinzipien, die unseren Rechtsstaat ausmachen, kommen hier nämlich bei einer Störung des Brötchenkaufes durch eine Verhaftung zum Tragen.

Von der Bäckerei in den Knast

Sie können die Vorteile des Rechtsstaates also ganz einfach selber testen. Setzen Sie sich dazu bitte einfach zum Ziel, am nächsten Sonntag beim Brötchenkaufen verhaftet zu werden. Wenn Sie sich jetzt zu Recht fragen: »Wie soll das denn gehen?«, dann hat der Rechtsstaat schon den ersten Praxistest bestanden. Es ist gar nicht so leicht, in einer Bäckerei von der Staatsgewalt verhaftet zu werden.

Während Sie in Mossul schon beim Betreten der Bäckerei für ein freundliches »Grüß Gott« geköpft werden könnten, kämen Sie in Minden selbst dann nicht in den Knast, wenn Sie im Verkaufsraum das Kruzifix über der Backstubentür von der Wand reißen und verbrennen würden. Sie würden im Rechtsstaat auch nicht verhaftet werden, wenn Sie in der Bäckerei Ihre Meinung äußern, nicht beten, eine unverschleierte Frau, schwul, Ausländer, arbeits- oder obdachlos, Demonstrant oder einfach nur schlecht gelaunt sind. Sie müssen sich schon einiges mehr ausdenken, um tatsächlich verhaftet zu werden. Was auch immer Sie sich vornehmen: Viel Glück!

Gehen wir also davon aus, Sie verlassen mit dem vielversprechenden Plan, noch in der Bäckerei morgens um 10 Uhr beim Kauf von 3 Croissants und 5 normalen Brötchen von der Polizei verhaftet zu werden, Ihre Wohnung. Dann sind alleine bis dahin schon drei wesentliche Elemente des Rechtsstaates zum Tragen gekommen.

Die Tatsache, dass Sie selbst entscheiden dürfen, ob, was und wann Sie frühstücken, ist im ***Grundrecht*** auf freie Entfaltung der Persönlichkeit verankert.*

Sollten Sie sich also, dies vorausgesetzt, generell zum Kauf von Sonntagsbrötchen entschieden haben und dabei wider Erwarten doch von einem Polizisten oder einer Polizistin (dass Männer und Frauen hier die gleichen beruflichen Chancen haben, entspringt dem ***Gleichheitsgrundsatz, Art. 3 GG***) verhaftet werden, haben Sie das Recht, Ihre Verhaftung innerhalb von 24 Stunden vom dafür zuständigen Richter überprüfen zu lassen (das nennt sich dann ***Recht auf rechtliches Gehör***).

Welcher ***gesetzliche Richter*** für Sie zuständig ist, ergibt sich aus dem Gerichtsverfassungsgesetz und dem Geschäftsverteilungsplan des für Sie örtlich zuständigen Gerichts. Dieser wurde spätestens am Freitag vor Ihrem Brötchenkauf festgelegt. Der Richter wird also eventuell überrascht sein, *Sie* am Sonntagmorgen zu sehen. Sie hingegen hätten sich schon vorher informieren können,

---

* Die Tatsache, dass Ihnen unser Staat das Frühstück notfalls sogar finanziert, ist im *Sozialstaatsprinzip* festgehalten. Dass das Warenangebot der hiesigen Bäcker unabhängig von staatlichen Mehlzuweisungen, UN-Lieferungen oder Lebensmittelkarten ist, hat viel mit unserer *Marktwirtschaft* zu tun.

auf welchen Richter Sie treffen werden, und entsprechend ein paar Brötchen mehr mitbringen können.

Der Richter wird in jedem Fall niemand sein, der vom Bäcker oder vom Polizisten aus einer Laune heraus im Bekanntenkreis angerufen wird.
Der Richter schaut jetzt auf zwei Dinge: erstens, ob es ein Gesetz gibt, das es dem Polizisten überhaupt erlaubt, sonntags Menschen zu verhaften und so in deren Grundrecht auf freie Entfaltung der Persönlichkeit einzugreifen (das ist der ***Gesetzesvorbehalt***). Wäre der Polizist nicht Polizist, sondern Bäcker, dürfte er zweifelsohne keine Mitmenschen verhaften.
Zweitens prüft der Richter, ob das Handeln des Polizisten gegen andere geltende Gesetze verstößt ***(Gesetzesvorrang)***.

Da ein Rechtsstaat kein Do-it-yourself-Staat ist, dürfen sich weder der Polizist noch der Richter eines dieser Gesetze selber ausgedacht haben. Der eine führt die Gesetze bloß aus, der andere kontrolliert die Ausführung. Denken tut – im Idealfall – der Gesetzgeber (***Gewaltenteilung, Art. 20 II GG***).
Ist der zuständige Richter der Ansicht, der Polizist hatte keine rechtliche Grundlage, Sie zu verhaften, dann können Sie Ihren Brötchenkauf umgehend fortsetzen. Dadurch ist garantiert, dass Ihre Brötchen bei einer unrechtmäßigen Verhaftung maximal einen Tag älter werden. Sollte Sie der Richter nicht umgehend aus der Haft entlassen, weil er meint, der Polizist hat sich seine Brötchen mit Ihrer Verhaftung rechtmäßig verdient, dann sind darüber Ihre Angehörigen zu informieren. Dadurch ist garantiert, dass Ihre Angehörigen nicht länger als einen Tag vergeblich auf die Frühstücksbrötchen warten müssen und das nächste Familienmitglied

zum Brötchenholen losschicken können. Die Chance, dass auch dieses Familienmitglied beim Bäcker verhaftet wird, geht statistisch gegen null.
Sie selber bekommen für den Fall, dass Sie in Untersuchungshaft bleiben, zwei Dinge: zum einen verhältnismäßig zügig einen Termin für einen Prozess (***Grundsatz der Verhältnismäßigkeit***). Auch dies wieder bei Ihrem gesetzlichen, nicht willkürlich zugewiesenen Richter (***Art. 101 GG***). Zum anderen bekommen Sie bis dahin jeden Tag Frühstück. Und zwar das gleiche wie die Mithäftlinge in der Zelle neben oder über Ihnen (***Gleichbehandlungsgrundsatz, Art. 3 GG***).

In diesem Prozess vor einem Gericht, auf dessen Entscheidungen der Staat keinen Einfluss hat (***unabhängige Gerichte, Art. 19 IV GG***), werden Sie dann entweder freigesprochen. Oder aber Sie werden verurteilt, weil sich herausstellt, dass Sie tatsächlich gegen ein bestehendes, allgemeingültiges und klar definiertes Gesetz verstoßen haben. Im letzteren Fall wäre damit rechtsstaatlich festgestellt, dass Sie beim Brötchenkauf eben nicht unrechtmäßig verhaftet worden sind. Dem Rechtsstaat wäre damit Genüge getan.
Im ersten Fall könnten Sie sich von der Haftentschädigung, die Ihnen jetzt zusteht (derzeit 25 Euro pro Tag), zwar nicht bis an Ihr Lebensende Croissants, aber immerhin ein paar frische Brötchen kaufen.

An einem einzigen sonntäglichen Frühstück wird somit alles deutlich, was diesen Rechtsstaat so lebenswert macht. Noch bevor Sie unbesorgt mit den Frühstücksbrötchen in der Hand im Kreise der Familie Platz genommen haben, waren im Hintergrund

alle Grundprinzipien des Rechtsstaates für Ihren verdienten Wochenendfrieden tätig. Manche sogar mehrfach.
Das ist Rechtsstaat. Auch sonntags. Man muss sich diese rechtsstaatlichen Prinzipien nicht alle merken, um mit ihnen glücklich sein zu können, aber man sollte die ihnen entspringenden Freiheiten jeden Tag bewusst genießen.
In einem Staat, in dem man vor einer Bäckerei ohne Prozess nach Gutdünken eines Schwertträgers enthauptet werden kann, weil man der falschen Religion angehört, käme zum Beispiel kein einziges rechtsstaatliches Prinzip zum Tragen. Laut Statistik sind solche Länder als Reiseziel für die meisten Menschen deshalb auch wesentlich unattraktiver. Egal, wie schön das Wetter ist.
Ob allerdings die Menschen, die unter Lebensgefahr zum Beispiel auf einem Boot hierherkommen, um in Ruhe frühstücken zu können, in unserem Rechtsstaat bleiben dürfen oder nicht, hängt entscheidend von den »Frühstückshinderungsgründen« in ihrem Heimatland ab. Kann jemand in seiner Heimat nicht in Ruhe frühstücken, weil er Gefahr läuft, auf dem Weg zum Bäcker aufgrund seiner politischen oder religiösen Ansichten verhaftet zu werden, dann genießt er hier Asyl. Kann jemand in seiner Heimat nicht in Ruhe frühstücken, weil es dort keine Bäcker gibt, dann ist er ein Wirtschaftsflüchtling und wird dorthin zurückgeschickt.
Auch das ist Rechtsstaat.

Klugscheißerwissen, das Sie in jede Diskussion zum Thema Rechtsstaat einwerfen sollten

Aufklärung

Der Grundgedanke der Aufklärung ist, dass der Mensch durch den Gebrauch der Vernunft ein besseres Leben führen soll. Damit unvernünftige Menschen nicht schlechter stehen, sollten alle Menschen ihre Vernunft gemeinsam gebrauchen.

Absolutismus

Beliebte Staatsform im Europa des 17. Jahrhunderts: Einer hat die absolute Macht. Für alle anderen ist das in der Regel absoluter Blödsinn.

Grundrechte

Grundrechte sind die in der Verfassung garantierten Abwehrrechte des Bürgers gegen den Staat. Grundrechte für alle Menschen heißen Menschenrechte. Grundrechte nur für Deutsche heißen Bürgerrechte. Leute, die immer recht haben, heißen Querulanten.

Gewaltenteilung

Alle Gewalt geht vom Volke aus. Damit die Gewalt aber nicht zu gewaltig wird, teilt sich diese Gewalt in drei verschiedene Gruppen auf. In die, die Gesetze machen (*Legislative* = Parlament), die, die Gesetze ausführen (*Exekutive* = Behörden), und die, die kontrollieren, ob die Gesetze auch richtig ausgeführt worden sind (*Judikative* = Gerichte).

Gleichbehandlung
Im Rechtsstaat sind alle Menschen gleich. Wenn Sie sich Ihren Nachbarn angucken, werden Sie dankend feststellen, dass das nicht stimmt. Aber vor dem Gesetz hat Ihr Nachbar die gleichen Rechte wie Sie. Natürlich unverdient – aber eben das ist Rechtsstaat.

Gesetzesvorbehalt
Kein staatliches Handeln ohne Gesetz. Der Staat darf nichts machen ohne rechtliche Grundlage. Vorbehaltlich eines Gesetzes ist er machtlos.

Gesetzesvorrang
Kein staatliches Handeln gegen Gesetze. Auch der Staat darf durch das, was er tut, nicht gegen geltendes Recht verstoßen.

Verhältnismäßigkeitsgrundsatz
Staatliche Gewalt soll verhältnismäßig schonend angewandt werden. Der Staat soll nicht mit Mücken auf Elefanten schießen und aus Kanonen keine Spatzen machen.

Rechtliches Gehör
Wann immer Sie von staatlicher Gewalt betroffen sind, muss Ihnen die Möglichkeit gegeben werden, dazu Stellung zu beziehen, also rechtlich gehört zu werden. Das verpflichtet die Damen und Herren vom Ordnungsamt allerdings nicht, sich unbegrenzt lange anzuhören, was Sie davon halten, dass Ihr Hund angeleint werden muss, Drogendealer aber nicht.

Gesetzlicher Richter
Welcher Richter sich mit Ihren Vergehen befasst, ist vorher ganz klar durch Gesetze, Verordnungen und Geschäftsverteilungspläne geregelt. Sie bekommen den Richter, den das Gesetz für Sie und Ihr Problem vorsieht. Nicht den, der gerade Lust hat.

Unabhängigkeit der Gerichte
Richter arbeiten völlig unabhängig. Jedenfalls insofern, als dass ihnen niemand Weisungen geben kann. Ein Richter ist in seiner Urteilsfindung völlig frei. Egal, wie sein Urteil ausfällt – er (oder sie) hat dadurch weder positive noch negative Konsequenzen zu befürchten.

Rechtsweggarantie
Wenn Sie ein rechtliches Problem haben, das Sie alleine nicht lösen können, dann wird ein Richter dafür eine Lösung finden. Das ist garantiert. Dass Sie die Lösung gut finden werden, ist leider nicht garantiert.

DAS PARAGRAFENZEICHEN

Kurzzusammenfassung aller Regeln

§ 1 Im Rechtsstaat gibt es Zeichen und Wunder.

§ 2 Das wichtigste Zeichen ist das Paragrafenzeichen.

§ 3 Wenn Sie nur 10 Prozent aller Paragrafen tatsächlich gelesen haben, wundern Sie sich über nichts mehr.

Das Symbol

Das wichtigste Zeichen, das Ihnen im Rechtsstaat immer wieder begegnen wird, ist das Paragrafenzeichen:

Als Laie könnte man es einfach als die Vereinigung zweier Schlangen beschreiben, wobei die eine Schlange der anderen offensichtlich in den Rücken fällt. Damit könnte auch erklärt werden, warum sehr viele Rechtsanwälte das Paragrafenzeichen als kreatives Logo auf ihren Visitenkarten verwenden. Leider ist diese sehr nachvollziehbare Erklärung über die Bedeutung dieses Zeichens aber falsch.

Der Name

Auch die Bedeutung lässt sich nicht per Analogie erschließen, etwa »Wenn die Paralympics ein Wettbewerb behinderter Sportler sind, dann werden Paragrafen wohl etwas mit behinderten Adligen zu tun haben«. Selbst wenn der Habitus mancher Jurastudenten darauf schließen lässt: Das ist falsch.

Die Herkunft

Der Begriff »Paragraf« leitet sich aus dem griechischen »paragraphos« ab. Wörtlich übersetzt, bedeutet das nichts anderes als »das daneben Geschriebene«. Daneben geschrieben bezieht sich in diesem Falle auf das Zeichen an sich, nicht auf den Inhalt des Paragrafen, der dem Zeichen folgt. Auch wenn manche modernen Gesetze das Gegenteil vermuten lassen.
In der Antike wurden Paragrafenzeichen – die damals nicht die heute typische Schlangenform hatten – als Interpunktionszeichen am Rande von längeren Texten verwendet. Sie zeigten zum Beispiel in klassischen Dramen an, dass im Dialog der Sprecher wechselte.

Jugendfotos des »paragraphos«-Zeichens sind wie eigene Bilder von früher: Damals sah man alberner aus – dafür ist heute der Bauch dicker.

Nun ist es von einer griechischen Tragödie zu »Barbara Salesch« zumindest qualitativ ein langer Weg. Ihre Funktion haben Paragrafenzeichen aber über die Jahrtausende beibehalten: Paragrafen stehen am Rande von Gesetzestexten und zeigen an, dass ein inhaltlicher Abschnitt zu Ende ist und ein neuer beginnt.*

Die Herkunft des Paragrafensymbols ist nicht ganz so klar, wie es für ein solches klarstellendes Zeichen angemessen wäre. Es gibt hierfür drei Theorien:

Die optisch am besten nachvollziehbare Erklärung ist die, dass es sich beim Paragrafenzeichen um zwei S handelt, die zu einem »§«-Zeichen zusammengezogen wurden. Die beiden S könnten als Abkürzung entweder für die lateinische Formulierung *signum separationis* bzw. *signum separandi* (Trennungszeichen) oder für *signum sectionis* (Abschnittszeichen) gestanden haben.

Andere meinen, das §-Zeichen hätte sich aus dem Buchstaben D entwickelt. D stünde in diesem Fall für den Begriff »Digesten« (von lateinisch *digesta* = Geordnetes). Als Digesten wurden in der Spätantike die Zusammenstellungen der Werke römischer Rechtsgelehrter bezeichnet. Wie ein geordneter Jurist aus einem noch so schnörkeligen D dann auf die Sache mit den beiden Schlangen gekommen sein soll, möge dahingestellt bleiben.

---

* Dass im Grundgesetz und in vielen bayerischen Landesgesetzen die einzelnen Regeln nicht als Paragrafen, sondern als Artikel bezeichnet werden, ist eine rein willkürliche Bezeichnung biblischen Ausmaßes: Die Zehn Gebote im Alten Testament heißen ja auch nicht »Die Zehn Paragrafen«. Sollten Sie die Begriffe »Artikel Gebot Paragraf« googeln wollen, wundern Sie sich bitte nicht, wenn Sie als zweiten Toptreffer einen Beitrag über Verkäuferabzocke auf eBay finden. Die meisten Artikel sind halt käuflich.

Schließlich wird noch die Ansicht vertreten, das §-Zeichen war ursprünglich ein C und stand wahlweise für *caput* (lat. für Abschnittsbeginn) oder *capitulum* (lat. für Kapitel).*
Um sich nicht für eine der Theorien entscheiden zu müssen, können Sie in Zukunft auch einfach die Buchstaben S, D und C übereinander schreiben. Das Ergebnis sieht im weitesten Sinne ebenfalls wie ein § aus.

Der Inhalt

Damit ist – zumindest ungefähr – geklärt, was in der Regel vor einem Gesetzestext steht.
Was *in* einem Paragrafen steht, ist es oftmals nicht. Schon gar nicht, in welcher Form ein solcher Paragraf verfasst sein soll.
Ein schönes Beispiel für den Wandel sprachlicher Knappheit bietet das Bürgerliche Gesetzbuch. Das wichtigste deutsche Gesetz des Zivilrechts trat am 1. Januar 1900 in Kraft und kann getrost als das iLaw unter den Gesetzen bezeichnet werden. Wie auch das iPhone war es revolutionär in seiner minimalistischen Schlichtheit bei einem Maximum an Funktionen, indem es erstmals für das gesamte Deutsche Reich alle wichtigen zivilrechtlichen Regelungen in einem einzigen Gesetz zusammenfasste.
Und das BGB funktioniert auch nach weit über 100 Jahren immer noch. Es hat alle Updates, zwei Weltkriege, ein Kaiserreich, zwei

* Das im Mittelalter verwendete gotische C ist zwar wesentlich verschnörkelter als das heutige C aus dem Copyright-Zeichen, aber auch hier sind alle mündlich über den Wahrheitsgehalt dieser Theorie zu befragenden Zeugen leider spätestens im Rahmen der letzten Pestepidemie verstorben.

Demokratien und den Nationalsozialismus überdauert. Das soll ihm das iPhone erst mal nachmachen.
Die Verfasser des BGB haben es sich dabei zur Regel gemacht, dass ein Paragraf nicht mehr als drei Absätze und ein Absatz nicht mehr als drei Sätze haben sollte. Dadurch wurde der Umfang der einzelnen Paragrafen auf das Notwendigste reduziert. Diese Arbeit haben sich die Verfasser des BGB gemacht, damit die Nutzer weniger Arbeit beim Lesen haben.
Wer heute das BGB durchblättert, erkennt schon optisch, welche Paragrafen im Laufe der Jahrzehnte neu eingefügt wurden. Dabei verhalten sich neue Paragrafen im BGB wie Neubauten in Gründerzeit-Stadtteilen: Sie haben meistens einen kleinen Buchstaben hinter der Hausnummer und zerstören aus zweiter Reihe das bislang harmonische Gefüge des Althergebrachten.*
Allein der Titel *Bürgerliches Gesetzbuch* (BGB) zeigt, dass seine Verfasser ein Gesetz erst dann als gelungen ansahen, wenn nichts mehr weggenommen werden konnte.
Bei heutigen Gesetzen geht die Denkweise eher dahin, dass einem Gesetzestitel beim besten Willen nichts mehr hinzugefügt werden kann.
Ein schlimmes Beispiel für derart inkompetente Namensgebung

---

* Ein schönes Exempel unter vielen war § 1587a BGB. Dabei kann außen vorgelassen werden, worum es darin ging (Ausgleichsanspruch beim Versorgungsausgleich). Der Paragraf umfasste acht Absätze mit jeweils bis zu fünf Unterabsätzen, die wiederum in bis zu vier Unterabschnitte gegliedert waren. Er war schon beim Angucken langweilig. Dieser einzige Paragraf nahm fast genauso viel Platz ein wie alle Vorschriften über die Willenserklärung zusammen. Wobei die Vorschriften zur Willenserklärung der Kern des BGB sind. Freundlicherweise wurde § 1587a (samt seinen ähnlich ausschweifenden Schwestern b bis p) 2014 in ein eigenes Gesetz umgebettet und das BGB dadurch wieder ein wenig entschlackt.

ist das »Gesetz zu dem Zusatzabkommen vom 2. November 1984 zum Abkommen vom 30. April 1964 zwischen der Bundesrepublik Deutschland und der Republik Türkei über soziale Sicherheit und zu der Vereinbarung vom 2. November 1984 zur Durchführung des Abkommens«.
Da der Gesetzgeber selbst fürchtete, dieser Titel könnte im Alltag etwas sperrig daherkommen, hat er ihn gleich offiziell abgekürzt. Die praktische Kurzform lautet

SozSichAbkÄndAbk2ZAbkTURG.

Das Gesetz umfasst im Übrigen ganze fünf Artikel und ist – sogar inklusive Überschrift – bequem auf einer leserlichen DIN-A5-Seite ausdruckbar.
Hätten die gleichen Verfasser damals auch den Titel des BGB mitbestimmt, dann hieße es wahrscheinlich »Gesetz zur Regelung aller Dinge im zivilrechtlichen Miteinander aller Menschen unter besonderer Berücksichtigung der Probleme der Schuldverhältnisse, des Sachenrechts, des Familienrechts und des Erbrechts«. Abgekürzt:

GeReaDiziMiaMeubBedProdSchudSachRdFamRudErbR

Ganz kreativ, meist völlig aus der Luft gegriffen, aber in jedem Fall einfacher zu merken sind Namen von Gesetzen, wenn es im zuständigen Ministerium einen nicht ausgelasteten Mitarbeiter gibt, der sich erst eine lustige Abkürzung ausdenkt und dann den dazu passenden Namen hinbiegt. Nach der Methode könnte das BGB sehr umschreibend lauten: »**G**esetz **zur** **R**egelung **hö**herer **L**ebens**L**eiden, **Mi**tmenschenstreitigkeiten, **t**ausend anderer **D**inge,

einfältiger **E**rb-**N**ichtigkeiten, **pr**ivater **O**hnmachten, **b**elangloser **L**ebenslügen, **e**lementarer **M**einungsverschiedenheiten und **e**helicher **N**ot«. Abgekürzt:

GEHZURHÖLLEMITDEINENPROBLEMEN

Solange aber das BGB noch so heißt, wie es heißt, und vom Kern her so strukturiert ist, wie es ist, können Sie auch darauf vertrauen, dass es das BGB noch geben wird, wenn das iPhone längst von einer anderen Modeerscheinung abgelöst worden ist. Hoffentlich.

Klugscheißerwissen, das Sie in jede Diskussion zum Thema Paragrafenzeichen einwerfen sollten

Paragrafenzeichen

Der Name kommt aus dem Griechischen und bedeutet so viel wie »das daneben Geschriebene«. In klassischen Dramen sollte ein Zeichen, neben den Text geschrieben, darauf hinweisen, dass zum Beispiel der Text eines anderen Schauspielers beginnt. Das Symbol in heutiger Schlangenform hat sich erst in neuerer Zeit entwickelt.

Das ideale Gesetz

Im idealen Gesetz hat jeder Paragraf maximal drei Absätze und jeder Absatz maximal drei Sätze.

BGB

Abkürzung für Bürgerliches Gesetzbuch. Trat am 1.1.1900 in Kraft. Gilt als das iLaw unter den Gesetzen.

DER RECHTSWEG

Kurzzusammenfassung aller Regeln

§ 1 Der Rechtsweg ist der anspruchsvolle Weg von einem Problem über ein Gericht zu einer Lösung.

§ 2 Es gibt im Wesentlichen drei verschiedene Rechtswege: den Zivilrechtsweg, den Strafrechtsweg und den Verwaltungsrechtsweg.

§ 3 Welchen Weg Sie beschreiten, hängt davon ab, unter welchem Problem Sie leiden.

§ 4 Ein und dieselbe Situation kann mehrere Probleme hervorrufen, die auf verschiedenen Rechtswegen von verschiedenen Gerichten völlig unterschiedlich gelöst werden können.

Die Länge

Pro Jahr werden in Deutschland bundesweit rund 1,4 Millionen Zivilklagen erhoben, rund 790 000 Strafprozesse geführt und 185 000 Klagen bei den Verwaltungsgerichten eingereicht. Wenn man alle dazugehörigen Akten nebeneinanderlegen würde, könnte man daraus einen Weg bis zum Mond und wieder zurück pflastern – sofern man die Abstände zwischen den Aktendeckeln groß genug lässt. Statistiken und die dazugehörigen Bilder sind halt dehnbar. Diesen Weg zum Mond und zurück könnte man jetzt bildhaft als Rechtsweg beschreiben. Der Begriff »Rechtsweg« ist also eine wunderschöne Metapher für alle, die im Rechtsstaat Hilfe durch ein Gericht suchen und ihren Gegner auf diesem Weg gerne zum Mond schicken würden.

Der Rechtsweg ist allerdings etwas sehr Irdisches, und er verläuft nicht annähernd im luftleeren Raum. Er ist daher bildlich viel eher vergleichbar mit dem Jakobsweg auf den letzten Kilometern vor Santiago de Compostela: Hier tummeln sich auf immer enger werdendem Raum alle Kranken und Leidenden. Oder einfach nur Menschen, die ihre eigene Problemlosigkeit plagt. Alle gemeinsam erhoffen sich von höherer Instanz Linderung. Dadurch ist der Weg meist ziemlich überlastet. Ob all diese Menschen am Ende des Weges ihre Wünsche erfüllt bekommen, liegt – zumindest auf dem Jakobsweg – allein in Gottes Hand. Ob am Ende des Rechtsweges auch immer das Recht erreicht wird, ist nicht garantiert. Zumindest aber gibt es in der Regel ein Urteil.

Das Tollste am Rechtsweg: Egal, wie unwegsam das Gelände drum herum auch sein mag, dieser Weg ist zementiert, und zwar als Grundrecht im Grundgesetz, in Art. 19 IV GG. Außerdem hat der Rechtsweg zwar das gleiche Ziel wie der Jakobsweg (Glückseligkeit), aber je nach zu behebendem Leiden nimmt er einen völlig anderen Verlauf.

Davon gibt es ja mehrere!

Der Rechtsweg hat genau genommen drei parallel verlaufende Spuren:

- den Zivilrechtsweg,
- den Strafrechtsweg,
- den Verwaltungsrechtsweg.*

Um zu wissen, welcher Rechtsweg für Sie der richtige ist, muss eigentlich nur geklärt werden, welches Leiden gelindert werden soll. Im Rechtsstaat gibt es im Wesentlichen nur drei Leidensgeschichten:

a) Ein Bürger leidet unter einem anderen Bürger, weil er etwas von ihm will, aber nicht freiwillig kriegt (in der Regel Geld). Diese beiden Bürger finden sich schnell auf dem Zivilrechtsweg wieder.
b) Der Staat leidet unter einem Bürger, weil er ihn für einen Ge-

* Wenn man es ganz genau nehmen will, gibt es noch eigene Rechtswege für Streitigkeiten im Arbeitsrecht, im Sozialrecht und im Steuerrecht, aber im Rahmen einer profunden Halbwissensvermittlung reicht es völlig, darauf hinzuweisen, dass es sie gibt.

setzesbrecher hält. Dieses Problem wird auf dem Strafrechtsweg geklärt.

c) Ein Bürger leidet unter dem Staat, weil er diesen für unfähig hält. Dieses Problem klärt man dann auf dem Weg des öffentlichen Rechts, dem Verwaltungsrechtsweg.

Diese drei Rechtswege müssen Sie bitte streng voneinander trennen, um sich im Rechtsstaat nicht zu verlaufen. Ein und derselbe Sachverhalt kann nämlich dazu führen, dass Sie zwar alle drei Wege gleichzeitig beschreiten, auf jedem Weg aber woanders hinkommen. Dazu ein

Beispielfall: Mit der Tür ins Haus

Herr Müller (M) und Herr Schulz (S) sind Nachbarn. Ihre Einfamilienhäuser stehen in 10 Meter Abstand in einer verkehrsberuhigten Tempo-30-Zone in Wuppertal. M liebt seine Ruhe. S liebt sein Auto. Weil S gerne am Samstagnachmittag bei lauter Musik aus dem Radio vor der Garage an seinem Fahrzeug schraubt und die Motorleistung im Leerlauf testet, hat M bereits des Öfteren das Ordnungsamt gerufen. Nachdem die freundlichen Mitarbeiter des Ordnungsamtes S an einem Samstag erstmals das Radio weggenommen haben, will S die Probleme mit M persönlich klären.

Zwar sind die Haustüren von S und M nur 10 Meter voneinander entfernt, S beschließt aber, diesen Weg per Auto zurückzulegen. Dazu steigt er in seinen Wagen und fährt 100 Meter rückwärts. Er hat also exakt 110 Meter Anlauf. S gibt Vollgas und brettert mit über 60 Sachen in die Haustür von M. Dabei reißt die Ölwanne seines Wagens auf, und drei Tropfen Motoröl laufen auf die Straße.

S meint, damit hat es sich dann auch, setzt seinen Wagen wieder vor seine Garage und fängt an, die Schäden daran zu beheben. Ohne Radio.

Folgende drei Dinge geschehen:

a) M als Eigentümer der dann ehemaligen Haustür leidet unter S, weil der ihm die Haustür nicht ersetzen will. Er macht Ansprüche auf Schadensersatz gegen S geltend und wird diese notfalls gerichtlich durchsetzen. Da hier Bürger gegen Bürger vorgeht, findet dies auf dem Zivilrechtsweg statt.
b) Der Staat leidet unter S, weil der entgegen der Vorschriften des Strafgesetzbuches eine Sachbeschädigung begangen hat. Er hält S für einen Gesetzesbrecher. Der Täter S soll zur Verantwortung gezogen werden. Der Staat geht gegen S als Bürger vor. Es geht um Strafe, nicht um Schadensersatz. Dieser Prozess »Staat gegen S« findet also auf dem Strafrechtsweg statt.
c) S leidet unter der Stadt, weil die ihm einen Kostenbescheid zugestellt hat. Ein Einsatztrupp von drei Löschfahrzeugen der städtischen Feuerwehr hat nämlich sehr kostenintensiv 20 Quadratmeter Erdreich vor dem Haus von M abgetragen, um eine drohende ökologische Katastrophe durch die Drei-Tropfen-Öl-Verschmutzung zu verhindern. S klagt gegen den Kostenbescheid – und zwar auf dem Weg des Öffentlichen Rechts.

S findet sich also nach nur einmal Gaspedaldurchtreten urplötzlich auf allen drei Rechtswegen gleichzeitig wieder. Alle drei Rechtswege laufen hier völlig unabhängig voneinander, zunächst nebeneinander her. Jeder einzelne Rechtsweg kann aber eine ganz eigene Wendung nehmen und ganz woanders enden. Es kann

durchaus passieren, dass M den Zivilprozess gegen S verliert, S hingegen vom Strafgericht verurteilt wird, allerdings die Feuerwehrkosten nicht zahlen muss. Wie das? Nun, zum Beispiel so:
M will von S auf dem Zivilrechtsweg 6000 Euro Schadensersatz für die Tür haben. Ein Gutachter stellt aber fest, dass die Tür maximal 600 Euro wert war. Der Richter verurteilt S deswegen, 600 Euro statt 6000 Euro an M zu zahlen. Da M somit 90 Prozent weniger bekommt, als er wollte, muss er auch 90 Prozent der Prozesskosten tragen. S kann also in gewisser Weise zu Recht behaupten, er habe den Zivilprozess gewonnen. S verlässt den Zivilrechtsweg als Sieger – weil M einfach zu viel gefordert hat.
Das Strafgericht sieht es hingegen als erwiesen an, dass S mit voller Absicht und ohne weitere Rechtfertigung die Tür von M mit seinem Auto zerstört hat. Wegen Sachbeschädigung wird S zu einer Geldstrafe verurteilt. Das Geld bekommt der Staat, nicht M – es ist eine Strafe, kein Schadensersatz! S hat also auf dem Strafrechtsweg verloren.
Das Verwaltungsgericht hingegen hebt den Kostenbescheid gegen S auf, weil die Behörde ermessensfehlerhaft gehandelt hat. Eine Schippe Bindemittel hätte die drohende Ökokatastrophe ebenso effektiv, aber wesentlich günstiger beheben können als drei voll besetzte Einsatzfahrzeuge der Berufsfeuerwehr. S hat also auf dem Verwaltungsrechtsweg gewonnen.
Mit einer einzigen Handlung hat es S geschafft, drei verschiedenen Richtern an drei verschiedenen Gerichten den Arbeitsplatz zu sichern. Alle drei Prozesse befassen sich mit komplett unterschiedlichen Aspekten seines Handelns. Alle drei Urteile können, je nach Rechtsweg, also auch komplett unterschiedlich ausfallen.
Trotz Unterschieden lassen sich aber bei allen Rechtswegen

zunächst einmal Gemeinsamkeiten erkennen. Es geht nämlich immer darum, von einem Problem über ein Gericht zu einer Lösung zu kommen. Stellt sich die Frage: Welches Gericht?

Kein Rechtsweg führt Sie vor die Haustür anderer Leute. Die Fahrt vor die Haustür anderer Leute kann Sie aber auf drei Rechtswege gleichzeitig bringen.

Welches Gericht darf es denn sein? – Die Zuständigkeit

Um einen Rechtsstreit führen zu können, müssen Sie zuerst einmal in Erfahrung bringen, welcher Richter in Zukunft Zustände kriegen wird, weil er sich mit Ihren Problemen beschäftigen darf. Juristen sprechen hier von der Frage der Zuständigkeit. Es gibt drei Arten von Zuständigkeiten:

a) Die sachliche Zuständigkeit: Hier geht es um die Frage, welchen Rechtsweg Sie einschlagen wollen. Sachlich zuständig für den Zivilrechtsweg sind Zivilgerichte, für den Strafrechtsweg die Strafgerichte und für den Verwaltungsrechtsweg die … richtig! … Verwaltungsgerichte.

b) Die örtliche Zuständigkeit: Das ist die Frage nach der Postleitzahl des Gerichtes. Diese Frage wird je nach Rechtsweg unterschiedlich beantwortet.
c) Die instanzielle Zuständigkeit: Das ist die Frage, welches Gericht auf dem eingeschlagenen Weg Sie konkret um Hilfe bitten.

Es gibt für den Zivil- wie auch für den Strafrechtsweg in aufsteigender Reihenfolge die

- ▷ Amtsgerichte,
- ▷ Landgerichte,
- ▷ Oberlandesgerichte und den
- ▷ Bundesgerichtshof.

Für den Verwaltungsrechtsweg gibt es

- ▷ Verwaltungsgerichte,
- ▷ Oberverwaltungsgerichte und das
- ▷ Bundesverwaltungsgericht.

Diese Gerichte heißen in diesem Zusammenhang Instanzen und funktionieren so wie Servicekräfte im Restaurant: Wenn Sie auf den Kellner sauer sind, beschweren Sie sich beim Oberkellner, dann beim Geschäftsführer. Je nach Restaurant sind diese Menschen meist personenidentisch oder verwandt. Wenn Ihnen auf dem Rechtsweg ein Urteil nicht passt, gehen Sie eben zum nächsthöheren Gericht. Dort müssen dann, anders als im Restaurant, andere Menschen sitzen.
Und wie im Restaurant, so ist es auch vor Gericht: Je aufwendiger das Menü, desto qualifizierter das Personal. Ab einem gewissen

Umsatz kümmert sich nicht mehr der Kellner, sondern direkt der Oberkellner um Sie. Ab einem gewissen Streitwert oder ab einer bestimmten drohenden Haftstrafe ist nicht mehr das Amtsgericht als erste Instanz, sondern direkt das Landgericht für Sie zuständig.

Der Anwaltszwang

Ein Anwaltszwang ist nicht die psychotische Störung eines Menschen mit Robe, sondern die Pflicht, einen solchen Menschen mit zu Gericht zu nehmen. Es lohnt sich generell immer, vor Gericht mit einem Anwalt zu erscheinen. Vor allem für den Anwalt. Es gibt allerdings Gerichte, da müssen Sie schlicht mit Anwalt erscheinen – völlig egal, ob sich das auch für Sie persönlich lohnt. An allen Gerichten, die mit »Land-«, »Ober-« oder »Bundes-« anfangen, darf nur ein zugelassener Rechtsanwalt prozessrelevante Handlungen vornehmen. Umgekehrt heißt das, dass Sie beim Amtsgericht und beim Verwaltungsgericht auch ohne Anwalt machen können, was Sie wollen.*

* Auch hierzu gibt es Ausnahmen: Für bestimmte Familien- und Strafsachen müssen Sie auch vor dem Amtsgericht von einem Anwalt vertreten und beraten werden: Zum Beispiel, wenn Sie als Straftäter vor einem Amtsrichter stehen und eine Freiheitsstrafe von über einem Jahr im Raume steht. Auf irgendjemand müssen Sie im Knast ja sauer sein dürfen, wenn der Prozess verloren geht.

 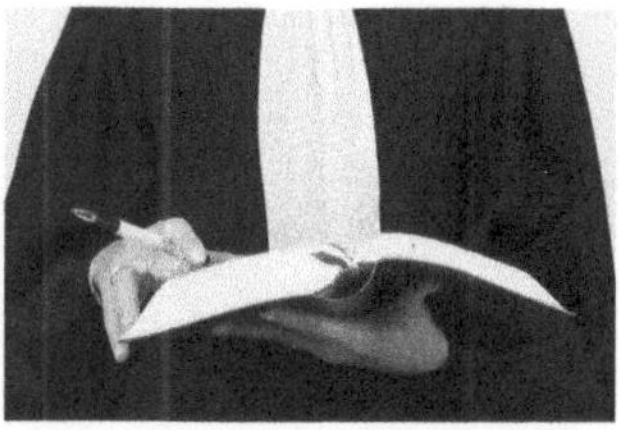

Die Zwänge eines Anwalts und der Anwaltszwang sind (manchmal) zwei grundverschiedene Dinge.

Klugscheißerwissen, das Sie in jede Diskussion zum Thema Rechtswege einwerfen sollten

Zivilrechtsweg
Hier streitet Bürger gegen Bürger. In der Regel geht es um Geld.

Strafrechtsweg
Hier streitet der Staat gegen einen Bürger. In der Regel geht es um eine Bestrafung.

Verwaltungsrechtsweg
Hier streitet ein Bürger gegen den Staat. In der Regel, weil der Staat nicht das tut, was er in den Augen des Bürgers tun sollte.

Gerichtliche Zuständigkeit
Legt fest, welcher Richter wegen Ihres Rechtsstreites Zustände bekommen soll. Geht es um eine zivil-, straf- oder verwaltungsrechtliche Streitigkeit (sachliche Zuständigkeit)? Wo steht das Gerichtsgebäude (örtliche Zuständigkeit)? Geht es um viel oder um wenig – beschäftigen sich also viele Richter oder wenige Richter mit dem Fall (instanzielle Zuständigkeit)?

Anwaltszwang
Vor dem Verwaltungsgericht und vor dem Amtsgericht brauchen Sie keinen Anwalt (außer bei bestimmten Familiensachen und bei Strafsachen, in denen über ein Jahr Freiheitsstrafe drohen). Bei allen anderen Gerichten müssen Sie sich von einem Anwalt vertreten lassen.

DER ZIVILRECHTSWEG

Kurzzusammenfassung aller Regeln

§ 1 Im Zivilprozess bestimmen die Parteien, was gemacht wird.

§ 2 Welches Gericht zuständig ist, bestimmt sich nach dem Streitwert.

§ 3 Wenn Sie im Zivilprozess verlieren, sind Sie nicht vorbestraft, sondern ärmer.

Grundsatz beim Zivilrecht: Die Dispositionsmaxime

Ein Zivilprozess ist ein bisschen wie ein antiautoritärer Waldkindergarten: Die beteiligten Kinder können hier völlig eigenständig bestimmen, wann sie in den Wald gehen und was dort gemacht werden soll. Der Richter geht als Betreuer genau so lange und so weit mit in den Wald, wie die Parteien das wollen. Dieses Prinzip nennt sich Dispositionsmaxime – weil alles, was geschieht, zur Disposition der Parteien steht.

Um im Beispiel zu bleiben: S ist in die Haustür von M gefahren. M möchte den entstandenen Schaden ersetzt haben. Es liegt alleine in der Hand von M, was er jetzt alles von S verlangt: Nur die Haustür? Oder ist in der Diele auch was kaputtgegangen? Möchte M Schmerzensgeld haben? Vielleicht noch eine Unterlassungsklage für die drohende nächste Wutattacke des S? Nur das, was M einklagt, kann er auch bekommen. Auch wenn noch so offensichtlich ist, dass das ganze Haus von M einen Riss bekommen hat: Der Richter wird ihm maximal das zusprechen, was er in seiner Klage auch fordert.*

Sollten M und S sich jedoch vor einem Urteil gütlich einigen, können sie den Prozess gemeinsam auch einfach wieder beenden und aus dem Wald rauslaufen – ohne Einverständnis des Richters.

---

* Auf Lateinisch heißt dies wunderschön *ne ultra petita*: nicht über das Geforderte hinaus.

Und wie beim Dispo auf der Bank kann man auch im Rahmen der Dispositionsmaxime gebührenpflichtig überziehen: Fordert M mehr, als ihm zusteht, dann verliert er den Prozess halt kostenpflichtig in der zu viel geforderten Höhe.

Die örtliche Zuständigkeit: Wo wohnt der Gegner?

In zivilrechtlichen Streitigkeiten ist in den allermeisten Fällen das Gericht, in dessen Bezirk der Beklagte seinen Wohnsitz hat, zuständig. Aus sportlicher Sicht ist das nachvollziehbar: Wer angreift, soll nicht auch noch den Heimvorteil haben. Aus psychologischer Sicht ist das ebenfalls logisch: Wenn jemand generell sehr entspannt damit umgeht, anderen Menschen Geld zu schulden, wird er dies als Beklagter dann über die Jahre an seinem Wohnort dem immer gleichen Richter erklären dürfen. Das nervt auf die Dauer und verbessert langfristig die Zahlungsmoral.

In vielen Fällen ist der Gerichtsstand allerdings vertraglich geregelt. Eine privat zwischen den Parteien getroffene Vereinbarung über den Gerichtsstand geht hier der gesetzlichen Regelung vor. Und wenn man sich schon mit einem Vertragspartner streitet, dann kann man das in Bezug auf die im Frieden getroffene Gerichtsstandsvereinbarung gleich auch noch tun.

Die instanzielle Zuständigkeit: Wie viel ist der Streit wert?

Im Zivilrecht wird bei der instanziellen Zuständigkeit zwischen großen und kleinen Problemen unterschieden. Der Maßstab ist hier schlicht die Summe des Streitwertes, also des Geldes, das der eine Bürger vom anderen haben will. Bei Forderungen bis 5000 Euro ist in erster Instanz das Amtsgericht zuständig, bei Forderungen über 5000 Euro ist in erster Instanz das Landgericht zuständig. Ferner ist das Amtsgericht in erster Instanz zuständig für alle familienrechtlichen Streitigkeiten und für alle Streitigkeiten um Mietwohnungen.

Die Klage

Wenn Sie – oder Ihr Anwalt – herausgefunden haben, welches Gericht zuständig ist, dann reichen Sie – oder Ihr Anwalt – dort eine Klage ein. Die muss im Grunde nicht viel enthalten: Es sollte drinstehen, was Sie von wem warum wollen. Wenn Ihr Anwalt die Klage einreicht, wäre es guter Stil, wenn er auch noch erwähnt, auf welcher rechtlichen Grundlage das Ganze basiert. Das muss er aber nicht unbedingt – das ist im Grunde der Job des Gerichtes.

Die wichtigste Norm: Die Anspruchsgrundlage

Das Gericht sucht nämlich selbstständig nach der im Zivilverfahren wichtigsten Norm: der Anspruchsgrundlage. Also nach dem Paragrafen, in dem steht, dass Sie recht haben – in etwas anderen Worten.
Im Beispielfall will M von S Schadensersatz für die zerstörte Tür. Anspruchsgrundlage wäre hier:

§ 823 BGB Schadensersatzpflicht

(1) Wer vorsätzlich oder fahrlässig … das Eigentum … eines anderen widerrechtlich verletzt, ist dem anderen zum Ersatz des daraus entstehenden Schadens verpflichtet.
(2) Die gleiche Verpflichtung trifft denjenigen, welcher gegen ein den Schutz eines anderen bezweckendes Gesetz verstößt. …

Das Verfahren läuft im Grunde exakt so, wie ein Streit zwischen zwei schreienden Kindern im antiautoritären Waldkindergarten geschlichtet wird: Zunächst versucht der Richter, den Streit zwischen den Parteien mit einem Vergleichsvorschlag beizulegen. Scheitert dies an der Bockigkeit einer oder beider Parteien, gibt es eben ein Urteil. In der Regel streiten eine oder beide Parteien danach immer noch. Aber kein System ist perfekt – siehe antiautoritärer Waldkindergarten.

Und wenn Sie nicht zufrieden sind: Die Rechtsmittel

Berufung

Wenn eine der Parteien mit einem Urteil in erster Instanz nicht zufrieden ist, kann sie zum nächsthöheren Gericht gehen und den ganzen Prozess dort noch einmal führen – sofern das Urteil nach Ansicht einer Partei mindestens Fehler im Wert von 600 Euro beinhaltet oder die Berufung vom Gericht zugelassen worden ist. In der Berufungsinstanz werden alle Tatsachen erneut auf den Tisch gebracht, es gibt also wieder eine Vernehmung aller Zeugen und die Vorlage aller Beweise. Das Berufungsgericht, das sich all diese Tatsachen anhören darf, wird deswegen Tatsacheninstanz genannt. Die Berufungsinstanz des Amtsgerichts ist das Landgericht. Die Berufungsinstanz des Landgerichts ist das Oberlandesgericht.

Revision

Wenn anschließend immer noch eine Partei mit dem mittlerweile schon zweiten Urteil nicht zufrieden ist, dann geht sie zum Bundesgerichtshof. Das nennt sich dann Revision.
In der Revision werden nicht noch einmal alle Tatsachen auf den Tisch gelegt, sondern nur geprüft, ob das Berufungsgericht alle Tatsachen rechtlich richtig gewürdigt hat. Das Revisionsgericht ist damit keine Tatsacheninstanz.

Klugscheißerwissen, das Sie in jede Diskussion zum Thema Zivilrecht einwerfen sollten

Dispositionsmaxime
Alles, was im Zivilprozess geschieht, bestimmen die Parteien selbst. Das Gericht darf über den Antrag einer Partei nicht hinausgehen und entscheidet nur über das, was die Parteien vortragen.

Zuständigkeiten
Örtlich zuständig ist in der Regel das Gericht, in dessen Bezirk der Beklagte wohnt.
Instanzielle Zuständigkeit: Bei Streitigkeiten bis 5000 Euro entscheidet das Amtsgericht, bei mehr als 5000 Euro ist das Landgericht in erster Instanz zuständig.

Anspruchsgrundlage
Der Paragraf, der Ihnen das Recht gibt, etwas von einem anderen zu fordern.

Rechtsmittel
Gegen Urteile der ersten Instanz gibt es das Rechtsmittel der Berufung. Sind Sie dann immer noch nicht zufrieden, können Sie in Revision gehen. In der Berufung muss es mindestens um 600 Euro gehen, oder das Gericht muss diese im Urteil gesondert zulassen.

DER STRAFRECHTSWEG

Kurzzusammenfassung aller Regeln

§ 1 Im Strafprozess bestimmt die Staatsanwaltschaft, was gemacht wird.

§ 2 Welches Gericht zuständig ist, hängt von der zu erwartenden Strafe ab.

§ 3 Wenn Sie im Strafprozess verlieren, sind Sie nicht nur ärmer, sondern obendrein auch noch vorbestraft.

Grundsatz beim Strafrecht: Offizialmaxime

Ein Strafprozess ist das Gegenteil von antiautoritärem Waldkindergarten. Er hat eher etwas von einem katholisch geführten Nonnenkinderheim in den 50er-Jahren. Die Nonne schlägt vor, ob, wann und wie lange sie das ungezogene Kind vor den Pfarrer zerrt. Das Kind kann sich dann dem Pfarrer gegenüber äußern, ob die Nonne recht hat oder nicht. Und der Pfarrer kann sich dann überlegen, wie oft und wie lange das Kind ohne Abendessen ins Bett muss.

Dem Zivilprozess und dem Strafprozess liegen zwei grundverschiedene pädagogische Konzepte zugrunde.

Nur dass Nonne, Kind und Pfarrer im Strafprozess eben Staatsanwaltschaft, Angeklagter und Gericht heißen. Im katholischen Kinderheim wie vor Gericht gilt: Nur wer von Berufs wegen schwarze Sachen trägt, darf offiziell den dicken Max machen. Dieses Prinzip nennt sich deshalb Offizialmaxime.

Sobald die Polizei oder die Staatsanwaltschaft von einem Verbrechen erfährt, muss sie tätig werden und die Staatsanwaltschaft gegebenenfalls Anklage erheben. Das Opfer einer Straftat kann mit seiner Strafanzeige zwar ein Verfahren in Gang bringen. Das Verfahren steuern kann das Opfer aber nur sehr begrenzt als Nebenkläger.
Anders als im Zivilprozess ist ein Richter im Strafprozess auch nicht an die Anträge gebunden. Wenn die Staatsanwaltschaft sechs Jahre Haft fordert, der Richter aber der Ansicht ist, acht Jahre Haft wären angebrachter, dann kann das Gericht im Urteil auch über den Antrag der Staatsanwaltschaft hinausgehen.

Zuständigkeiten

Die unterschiedlichen gerichtlichen Zuständigkeiten lassen sich gut an einem kleinen Beispiel erläutern:

Gangsta-Rappa

Der 22-jährige Herbert aus Kassel will gerne Berliner Gangsta-Rappa werden. Er beherrscht kein Instrument und hat keinerlei Begabung in Bezug auf den Umgang mit Sprache. So gesehen, steht einer Karriere als Rapper also nichts im Wege. Was ihm jetzt noch fehlt, ist allerdings eine Karriere als Gangster. Seine bisher größte kriminelle Leistung war es, für den Diebstahl von einer Packung Batterien einen Strafbefehl vom Amtsgericht Kassel bekommen zu haben. Das macht leider nicht allzu viel her. Herbert würde gerne im hippen Berlin für »irgendwas mit kriminell« verurteilt werden. Am liebsten vor einem sehr geilen Gericht, zum Beispiel dem Bundesverfassungsgericht.

Sofern Herbert bar und im Voraus zahlt, wird sich sicherlich ein Anwalt finden, der ihm gerne bei der Karriereberatung hilft. Seit dem Ende der Gerichtsshows gibt es ja wieder zahlreiche Anwälte mit Tagesfreizeit.
Herbert muss also irgendwo irgendwas anstellen, was dazu führt, dass irgendein Gericht in Berlin örtlich und sachlich dafür zuständig ist, ihn zu verurteilen.

Örtliche Zuständigkeit

Bei Straftaten gibt es zunächst einmal drei verschiedene Orte, die entscheidend dafür sind, welches Gericht örtlich zuständig ist. Das ist entweder

- der Ort, an dem der Täter wohnt, oder
- der Ort, an dem die Straftat begangen wurde, oder
- der Ort, an dem der Täter gefasst worden ist.

Sollte es sich hier um drei verschiedene Orte handeln, dann ist das Gericht zuständig, das zuerst zuckt. Das ist ernst gemeint: Bei mehreren Gerichtsständen ist tatsächlich das Gericht zuständig, welches zuerst mit der Arbeit angefangen hat.
Herbert sollte also in Berlin etwas anstellen und sich auch in Berlin dabei schnappen lassen. Um ganz sicherzugehen, nicht doch bloß wieder in Kassel verurteilt zu werden, sollte er auch seinen Wohnsitz nach Berlin verlegen.

Instanzielle Zuständigkeit: Die Vierjahresregel

Ob im Strafverfahren das Amts- oder das Landgericht in erster Instanz zuständig ist, richtet sich nach der Höhe der wahrscheinlich zu erwartenden Strafe. Die Grenze zwischen den beiden Gerichten liegt bei vier Jahren Freiheitsstrafe: Geht die Staatsanwaltschaft davon aus, dass sie am Ende des Prozesses weniger als vier Jahre Gefängnis fordert, erhebt sie Klage beim Amtsgericht. Geht die Staatsanwaltschaft davon aus, dass sie am Ende mehr als vier Jahre fordern wird, erhebt sie Klage beim Landgericht. Stellt sich während des Prozesses am Amtsgericht heraus, dass der Angeklagte vielleicht doch böser war als gedacht, kann der laufende Prozess ans Landgericht übertragen werden.

Das kriminelle Existenzminimum: Der Strafbefehl vom Amtsgericht

Herbert hat bereits die negative Erfahrung gemacht, dass er trotz guten Willens, ein Krimineller zu werden, nur minimalst verurteilt wurde. Ein Strafbefehl ist so ziemlich der kleinstmögliche Eintrag in ein Vorstrafenregister und die größtmögliche Demütigung für einen angehenden Gangsta-Rappa: Der kleinste Richter am kleinsten Gericht war zuständig und wollte Herbert noch nicht einmal sehen.

Ein Strafbefehl wird nämlich auf Antrag der Staatsanwaltschaft vom Strafrichter am Amtsgericht ohne mündliche Verhandlung und ohne Urteil erlassen, wenn es um Bagatellkriminalität geht.

Im Strafbefehl kann eine Geldstrafe, eine Freiheitsstrafe bis zu einem Jahr auf Bewährung oder verschiedene Nebenstrafen wie zum Beispiel ein Fahrverbot verhängt werden. Gegen den Strafbefehl kann der Beschuldigte Einspruch einlegen. Nach dem Einspruch kommt es tatsächlich zu einer mündlichen Verhandlung, in der das Urteil auch noch schlimmer ausfallen kann.

Leider hat Herbert diese Möglichkeit damals offensichtlich versäumt. Er will diesmal von vornherein persönlich von einem möglichst wichtigen Berliner Richter verurteilt werden. Und selbst beim Amtsgericht gibt es da Unterschiede.

Beim Amtsgericht: Einzelrichter oder Schöffengericht? Die Zweijahresregel

Amtsgericht ist nicht gleich Amtsgericht. Hier finden zwei verschiedene Arten von Strafprozessen statt: die vor dem Einzelrichter und die vor einem Schöffengericht. Beim Schöffengericht entscheidet ein Richter zusammen mit zwei juristisch ungebildeten Laien. Auch dabei ist wieder die Schwere der vorgeworfenen Straftat entscheidend. Straftaten lassen sich nämlich in zwei Kategorien einteilen: Vergehen und Verbrechen.
Ein Vergehen ist eine Straftat, deren Mindeststrafe unter einem Jahr liegt, wie zum Beispiel Diebstahl, Körperverletzung oder Beleidigung. Ein Verbrechen ist eine Straftat, die im Gesetz mit mindestens einem Jahr Freiheitsstrafe bedroht ist. Das ist zum Beispiel bei Raub, Brandstiftung oder Totschlag der Fall. Räuber, Brand-

stifter und Totschläger sind also Verbrecher. Diebe, Nur-so-Schläger und unflätige Mitmenschen sind keine Verbrecher, sondern bloß Vergeher.
Wenn es um ein Vergehen geht, bei dem eine Freiheitsstrafe von maximal zwei Jahren erwartet wird, kümmert sich beim Amtsgericht ein einzelner Richter um die Angelegenheit. Bei einem Verbrechen oder bei einer zu erwartenden Freiheitsstrafe von über zwei Jahren befasst sich das Schöffengericht mit dem Fall.

Landgericht: Große Strafkammer oder Schwurgericht

Da es beim Landgericht schon um eine erhebliche Freiheitsstrafe von mindestens vier Jahren geht, befassen sich dort auch erheblich mehr Menschen mit dem Fall. In der ersten Instanz ist das die sogenannte große Strafkammer, in der Regel bestehend aus einem Vorsitzenden und zwei weiteren Richtern sowie zwei Laienrichtern. Ist bei der Straftat jemand ums Leben gekommen, wird diese Kammer – bei gleicher Besetzung – Schwurgericht genannt.

Die wichtigste Norm: Der Straftatbestand

Die Staatsanwaltschaft erwähnt in der Anklage gleich die Regel, gegen die der Angeklagte verstoßen haben soll. Dies nennt sich Straftatbestand. Herbert ist bereits für die Entwendung von Batterien bestraft worden, also für folgenden Straftatbestand:

§ 242 StGB Diebstahl

(1) Wer eine fremde bewegliche Sache einem anderen in der Absicht wegnimmt, die Sache sich oder einem Dritten rechtswidrig zuzueignen, wird mit Freiheitsstrafe bis zu fünf Jahren oder mit Geldstrafe bestraft.

Sollte das Gericht im Laufe des Prozesses zu der Erkenntnis kommen, dass auch ganz andere Straftatbestände in Betracht kommen, muss ein entsprechender rechtlicher Hinweis erteilt werden.

Mit diesem Wissen kann nun überlegt werden, zu welchem Gericht Herbert gerne möchte und was er dafür tun muss. Um Herbert nicht zu überfordern, wäre ihm zu raten, auch in Berlin irgendwas mit Batterien und Diebstahl zu machen. Damit hat er ja Erfahrung. Das Mindeste, was Herbert zu raten wäre, wäre, erneut bei Lidl oder sonst wo an der Kasse ein paar Babyzellen mitgehen und sich dabei erwischen zu lassen. Das wäre wieder ein Diebstahl nach § 242. Hierfür gibt es keine Mindeststrafe, es handelt sich also um ein Vergehen. Da Herbert Wiederholungstäter ist, stehen die Chancen nicht schlecht, dass der Diebstahl diesmal nicht als Bagatelle abgetan wird, es somit nicht zu einem Strafbefehl, sondern zu einer echten mündlichen Verhandlung kommt. Damit stünde Herbert dann vor einem Einzelrichter am Amtsgericht. Wenn Herbert lieber am Amtsgericht vom Schöffengericht verurteilt werden möchte, wäre ihm zu raten, die Batterien nicht heimlich (Diebstahl), sondern mit Waffengewalt (schwerer Raub, § 250 StGB) zu entwenden. Ein Raub ist ein Verbrechen, als Ersttäter würde Herbert wohl noch mit unter vier Jahren Gefängnis davonkommen.

Verbrechen unter vier Jahren Freiheitsstrafe landen beim Schöffengericht.
Wenn Herbert wegen ein paar Batterien gerne am Landgericht von der großen Strafkammer verurteilt werden möchte, dann sollte er zusätzlich zum schweren Raub auch noch den Kassierer niederschlagen (gefährliche Körperverletzung, § 224 StGB), alle Kunden als Geiseln nehmen und freies Geleit für sich und die Batterien fordern (Geiselnahme, § 239 b StGB). Mit der gefährlichen Körperverletzung, der Geiselnahme und dem schweren Raub hätte er das für die große Strafkammer nötige Ticket von wahrscheinlich über vier Jahren Freiheitsstrafe sicher.
Und wenn Herbert wegen ein paar Batterien direkt vom Berliner Schwurgericht verurteilt werden möchte, dann sollte er warten, bis Sir Elton John in Berlin ist, und diesem dann die Batterien aus dem Herzschrittmacher entwenden (Mord aus niederen Beweggründen, § 211 StGB).

Nur eines wird Herbert bei seiner Karriere auf dem Strafrechtsweg leider nicht gelingen: Das Bundesverfassungsgericht in Berlin wird ihn nicht verurteilen. Aus zwei Gründen: zum einen, weil das Bundesverfassungsgericht nicht in Berlin ansässig ist, sondern in Karlsruhe. Zum anderen, weil das Bundesverfassungsgericht keine Strafrechtsurteile fällt, sondern Entscheidungen auf Verfassungsmäßigkeit hin überprüft (→ siehe Kapitel »Die Verfassungsbeschwerde«).

Rechtsmittel

Auch wer auf dem Strafrechtsweg mit einem Urteil nicht zufrieden ist, kann natürlich Rechtsmittel einlegen. Gegen ein Urteil des Amtsgerichts ist das die Berufung vor dem Landgericht. Wenn auch dieses Urteil dem Angeklagten oder der Staatsanwaltschaft nicht gefällt, dann geht es zur Revision ans Oberlandesgericht.

Gegen ein erstinstanzliches Urteil des Landgerichts führt als einziges Rechtsmittel die Revision zum Bundesgerichtshof.

In der Berufung wird der ganze Prozess neu aufgerollt. In der Revision geht es einzig und allein um die rechtliche Bewertung des bereits festgestellten Sachverhaltes.

Klugscheißerwissen, das Sie in jede Diskussion zum Thema Strafrecht einwerfen sollten

Offizialmaxime

Im Strafrecht müssen Polizei und Staatsanwaltschaft von Amts wegen ermitteln, sobald sie von einem Verbrechen Kenntnis erlangen.

Im Strafprozess erforscht das Gericht eigenständig den Sachverhalt und ist nicht an die Anträge der Staatsanwaltschaft oder des Angeklagten gebunden. Das Gericht kann auch im Strafmaß über den Antrag der Staatsanwaltschaft hinausgehen.

Zuständigkeiten

Bei Strafsachen örtlich zuständig ist entweder das Gericht

- am Tatort oder
- am Ort, wo der Täter verhaftet wurde, oder
- am Wohnort des Täters.

Entscheidend für die instanzielle Zuständigkeit bei Strafsachen ist das von der Staatsanwaltschaft erwartete Strafmaß.

Der Strafbefehl

Bei Bagatelldelikten kann der Strafrichter am Amtsgericht auf Antrag der Staatsanwaltschaft ohne mündliche Verhandlung einen Strafbefehl erlassen. Es kann eine Geldstrafe oder eine Freiheitsstrafe bis zu einem Jahr auf Bewährung verhängt werden. Widerspricht der Beschuldigte nicht, ist er damit vorbestraft. Widerspricht er dem Strafbefehl, kommt es zur mündlichen Verhandlung.

DER VERWALTUNGSRECHTSWEG

Kurzzusammenfassung aller Regeln

§ 1 Vor dem Verwaltungsgericht können Sie sich – ohne eine Wartemarke ziehen zu müssen – mit einer Behörde streiten.

§ 2 Sofern es dabei nicht um den Betrieb eines Atomkraftwerks geht, ist dafür das Verwaltungsgericht um die Ecke zuständig.

§ 3 Wenn Sie im Verwaltungsprozess gewinnen, hebt das Gericht einen Behördenmumpitz auf, und es ärgert sich niemand.

§ 4 Wenn Sie im Verwaltungsprozess verlieren, ändert sich nichts, und Sie ärgern sich weiter.

Unterhaltsamer als sein Ruf

Bleibt noch der Verwaltungsrechtsweg. Klingt dröge – ist es aber nicht. Der Verwaltungsrechtsweg ist der Weg Ihrer Wahl, wenn Sie unter staatlicher Inkompetenz leiden. Oder, juristischer formuliert: wenn Sie durch hoheitliches Handeln beeinträchtigt werden. Er richtet sich mithin an eine große Zielgruppe, wird aber vergleichsweise selten beschritten.

Dabei kann der Staat gleich auf zweierlei Arten Inkompetenz unter Beweis stellen: Er kann etwas Falsches tun oder etwas Richtiges unterlassen. Indem Ihnen zum Beispiel ein Kostenbescheid für einen Feuerwehreinsatz zugestellt wird, den Sie nicht bezahlen wollen, oder weil Ihnen eine Baugenehmigung verweigert wird, die Sie dringend brauchen.

Sie sollten sich dabei immer vor Augen führen, dass Sie hier die wunderbare Gelegenheit haben, den Staat an sich am Nasenring durch die Arena zu ziehen. Sofern es Ihnen gelingt, nachzuweisen, dass eine Behörde Mist gebaut hat. Die Möglichkeit, den Staat über mehrere Instanzen auf Augenhöhe zu verklagen, weil man mit den Arbeitsergebnissen eines Verwaltungsfachangestellten nicht zufrieden ist, ist alles andere als eine Selbstverständlichkeit und ein absolutes Highlight im Rechtsstaat. Machen Sie davon regen Gebrauch!

Und wenn Sie dabei eines nicht haben müssen, dann ist das Angst vor dem Gegner. Wenn Sie nur ein einziges Mal in Ihrem Leben die intellektuell eher niederfrequente Atmosphäre im Großraumbüro einer Kraftfahrzeug-Zulassungsstelle genießen durften, dann wissen Sie, welche geistigen Maximalvoraussetzungen in der Regel erwartet werden, um aufseiten des Gegners

Wer auf diesem Niveau mit Menschen kommuniziert, kann nicht nur sein Gesicht, sondern durchaus auch vor Gericht verlieren.

tätig sein zu dürfen. Mit diesem Gegner kann man fertig werden. Dabei geht es auf dem Verwaltungsrechtsweg gar nicht um den Gegner persönlich, sondern um dessen Handeln.

Der Verwaltungsakt

Wenn der Staat hoheitlich in der Verwaltung tätig wird, ist das immer ein ziemlicher Akt. Deshalb nennt sich das Ergebnis dieses Handelns auch Verwaltungsakt.
Für Freunde der Darbietungen erotischer Kunst wird von diesem Begriff eine Produktenttäuschung ausgehen, denn der Verwaltungsakt ist *the most unsexy thing* im Rechtsstaat. Er ist schlicht und ergreifend der Oberbegriff für alles, was eine Behörde im

Namen des Rechtsstaates tut und was jemanden außerhalb der Behörde betrifft. Das reicht vom Verkehrszeichen über den Platzverweis bis hin zur Subventionsbewilligung. All das sind Verwaltungsakte. Ein Verwaltungsakt kann mündlich oder schriftlich ergehen. Er muss eine Begründung enthalten, und der Betroffene muss vorher angehört worden sein.

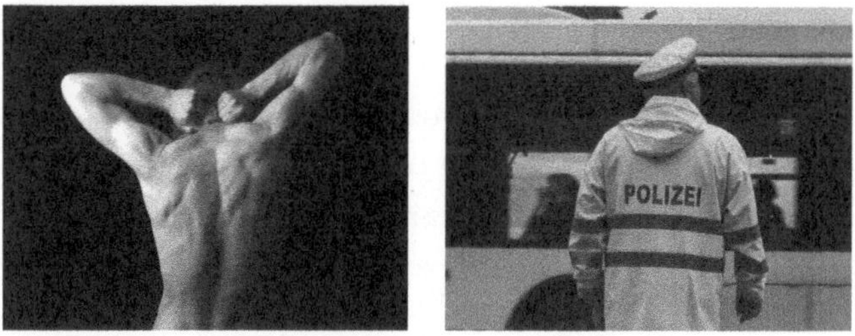

Akt und Verwaltungsakt unterscheiden sich hier deutlich voneinander. Beim einen steht die Kunst, beim anderen der Verkehr im Vordergrund.

Wenn Sie mit einem Verwaltungsakt, dessen Zustandekommen oder dessen Begründung nicht zufrieden sind oder ein Verwaltungsakt nicht erfolgt, den Sie gerne hätten, dann steht Ihnen der Verwaltungsrechtsweg offen.

Vorverfahren

Der Verwaltungsrechtsweg beginnt mit dem sogenannten Vorverfahren, dem Widerspruch gegen den Verwaltungsakt. Wann immer eine Behörde etwas von Ihnen will, redet sie mit Ihnen. Nicht in Form eines Gespräches, sondern in Form eines sogenannten

Bescheides. Das kann ein Bußgeldbescheid, ein Bewilligungsbescheid, ein Ablehnungsbescheid o. ä. sein. Immer will die Behörde Ihnen damit sagen: »So wird's gemacht – weiße Bescheid, ne?«
Wenn Sie jetzt nicht widersprechen, wird es auch genauso gemacht. Sie haben aber bei jedem Bescheid in der Regel einen Monat Zeit, um dem Bescheid zu widersprechen. Dieser Widerspruch ist die Voraussetzung dafür, später mit gerichtlicher Hilfe gegen die Behörde vorzugehen.
Denn das Widerspruchsverfahren hat zwei Funktionen:

1. Zum einen sollen Jasager aussortiert werden. Wer sich nicht traut, alleine einer Behörde zu widersprechen, muss in seiner Feigheit nicht unbedingt von drei Gerichtsinstanzen unterstützt werden.
2. Zum anderen soll eine Behörde selber die Möglichkeit haben, die Suppe, die sie anderen einbrockt, wegzukippen – bevor ein Gericht sie dazu zwingt, diese auszulöffeln.

Um in unserem Beispiel zu bleiben: S hat von der Stadt einen Kostenbescheid bekommen, mit dem er aufgefordert wird, die Kosten für einen kompletten Löschtrupp der städtischen Feuerwehr zu übernehmen, weil dieser drei Tropfen Öl entsorgen musste.
Gegen diesen Bescheid sollte S nun Widerspruch bei der Behörde einlegen, die den Bescheid erlassen hat. Das ist der Name, der auf dem Briefkopf oder dem Thermopapier neben dem zerknitterten Stadtwappen abgedruckt ist.
Es reicht völlig, wenn S der Behörde eine Kopie des Bescheides schickt und unten auf den Bescheid mit eigenhändiger Unterschrift schreibt: »Ich widerspreche diesem Bescheid.« Warum S

dem Bescheid widerspricht, muss er gar nicht sagen. Es könnte allerdings die Erfolgschancen seines Widerspruches erhöhen. Hier böte sich ein einfaches »War für drei Tropfen Öl gar nicht notwendig« an.

Entweder hebt die Behörde dann aufgrund des Widerspruchs den Bescheid auf, dann ist die Welt wieder in Ordnung. Oder die Behörde hebt den Bescheid nicht auf. Dann gibt es einen sogenannten ablehnenden Widerspruchsbescheid, und der eröffnet Ihnen den Weg zum zuständigen Gericht.

Auch bei den Verwaltungsgerichten stellt sich wieder die Frage, welcher Verwaltungsrichter Ihretwegen Zustände kriegen soll. In der Regel erklärt Ihnen das bereits die Behörde selbst in dem Schreiben, mit dem sie Ihren Widerspruch zurückweist.

Zuständigkeiten

Örtlich zuständig: das behördennächste Verwaltungsgericht

Generell ist örtlich das Verwaltungsgericht zuständig, in dessen Bezirk die Behörde, gegen deren Handeln Sie vorgehen wollen, liegt. Googeln Sie einfach die Begriffe »Gericht« und »zuständig«. Dann finden Sie zahlreiche Webseiten, die Ihnen in Sekundenschnelle das für die Postleitzahl der Behörde zuständige Verwaltungsgericht aufzeigen.

Instanziell zuständig: fast immer das Verwaltungsgericht

Auch auf dem Verwaltungsrechtsweg definiert sich die örtliche Zuständigkeit im Grunde über die Größe des Problems. Sofern Sie allerdings kein Atomkraftwerk betreiben (hierfür wäre das Oberverwaltungsgericht zuständig) oder Ihr Kegelverein nicht wegen Terrorverdacht verboten werden soll (damit befasst sich direkt das Bundesverwaltungsgericht), ist in der Regel in erster Instanz immer das Verwaltungsgericht zuständig. Das Oberverwaltungsgericht und das Bundesverwaltungsgericht lernen Sie dann eben kennen, wenn Sie mit der Arbeit des Verwaltungsgerichtes nicht so zufrieden waren.

Klage einreichen

Beim Verwaltungsgericht eine Klage einzureichen ist denkbar einfach und kann in der Tat problemlos ohne Anwalt erfolgen. Alles, was Sie tun müssen, ist,

- innerhalb eines Monats nach Zustellung des ablehnenden Widerspruchsbescheides
- einen Brief schreiben mit Angabe Ihres Namens, des Namens der Behörde, die in Ihren Augen Mist gebaut hat, und einer kurzen Beschreibung des Problems in Ihren Worten. Das nennt sich dann Klageschrift.
- einen Antrag formulieren: zum Beispiel »Ich beantrage, die Feuerwehrkosten nicht zahlen zu müssen«.

- all das eigenhändig unterschreiben,
- und zusammen mit Kopien von allen Unterlagen, die für das Gericht interessant sein könnten (alle bisherigen Bescheide etc.), tüten Sie das Ganze dann ein und schicken es an das zuständige Gericht.

Der Gerichtsbescheid

Wenn Ihre Sache nach Ansicht des Gerichts keine besonderen Schwierigkeiten aufweist, kann das Verwaltungsgericht – ähnlich wie beim Strafbefehl im Strafrecht – ohne mündliche Verhandlung durch den sogenannten Gerichtsbescheid entscheiden.

Die mündliche Verhandlung

Wird ein Gerichtsbescheid nicht erlassen, kommt es zur mündlichen Verhandlung, in der der Richter zunächst versucht, eine gütliche Einigung zu erzielen. Die Behörde, gegen die Sie vorgehen, sitzt Ihnen hier, wie gesagt, auf Augenhöhe gegenüber. Kommt eine solche Einigung nicht zustande, dann wird eben vom Gericht eine Entscheidung gefällt.

Die wichtigste Norm: Die Ermächtigungsgrundlage

Kernfrage fast jedes verwaltungsgerichtlichen Verfahrens ist die Frage: Hat die Behörde jetzt Mist gebaut oder nicht? Juristen fragen etwas vornehmer danach, welche Norm die Behörde überhaupt ermächtig haben soll, das zu tun, was dem Kläger ganz offensichtlich mächtig auf den Senkel geht. Das ist also die Frage nach der Ermächtigungsgrundlage.

Reichsgesetzblatt

Teil I

1933 | Ausgegeben zu Berlin, den 24. März 1933 | Nr. 25

Ermächtigungsgrundlagen können Behörden zu unglaublichem Blödsinn verleiten. Das Ermächtigungsgesetz von 1933 zum Beispiel war Grundlage für viele irrsinnige Verwaltungsakte der Regierung Hitler. Es wurde 1945 wieder aufgehoben. Allerdings nicht nach einem verlorenen Verwaltungsgerichtsverfahren, sondern nach einem verlorenen Weltkrieg.

Wenn es, wie im Beispiel, um dreckige Straßen und deren Reinigungskosten in Wuppertal geht, könnte im Beispielfall Folgendes die Ermächtigungsgrundlage der Behörde sein:

§ 17 Straßen- und Wegegesetz NRW: Verunreinigung, Abfall

(1) *Wer eine Straße über das übliche Maß hinaus verunreinigt, hat die Verunreinigung ohne Aufforderung unverzüglich zu beseitigen; anderenfalls kann der Träger der Straßenbaulast die Verunreinigung auf Kosten des Verursachers beseitigen.*

In dieser Vorschrift steht – wie in einem Großteil von Ermächtigungsgrundlagen – das Wort »kann«. Solche Vorschriften nennen sich – richtig – KANN-Vorschriften. Das heißt, die Behörde muss gar nicht böse sein – sie kann es aber. Ob sich die Behörde unbeliebt machen will, steht in ihrem eigenen Ermessen. Ermessen ist das Gegenteil von Willkür: Nur wenn die Behörde einen Grund hat, böse zu sein, darf sie böse sein. Hat sie keinen Grund, darf sie es nicht.

Im Beispielfall müsste die Behörde dem Richter in der Tat klarmachen, warum sie für drei Tropfen Öl einen kompletten Löschzug hat ausrücken lassen. Sie hätte die Gefahr genauso gut mit einer Gartenschaufel beheben können, die bequem im VW Polo des Ordnungsamtes Platz gehabt hätte. Zumindest hätte die Behörde aber darauf verzichten können, dem S die überflüssigen Kosten in Rechnung zu stellen.

Überzeugt die Behörde den Richter genauso wenig von ihrem Handeln wie den Kläger S, wird das Gericht der Klage stattgeben und den fehlerhaften Kostenbescheid aufheben.

Rechtsmittel

Ist eine Partei mit einem verwaltungsgerichtlichen Urteil nicht einverstanden, gibt es gegen Urteile des Verwaltungsgerichtes das Rechtsmittel der Berufung, gegen Urteile des Oberverwaltungsgerichtes die Revision.

Klugscheißerwissen, das Sie in jede Diskussion zum Thema Verwaltungsrecht einwerfen sollten

Bescheid
Ausdrucksform einer Behörde. Schreibt Ihnen eine Behörde einen Brief, steht in der Regel »Bescheid« drüber: Bußgeldbescheid, Kostenbescheid ... weiße Bescheid!

Verwaltungsakt
Handeln der Behörde. Jede hoheitliche Maßnahme zur Regelung eines Einzelfalles auf dem Gebiet des öffentlichen Rechts mit Außenwirkung. Das trifft auf das Verkehrszeichen ebenso zu wie auf die Genehmigung zum Bau eines Atommüllendlagers.

Vorverfahren
Bevor Sie sich bei Gericht über eine Behörde beschweren dürfen, müssen Sie sich zunächst bei der Behörde selber beschweren. Mit dem sogenannten Widerspruch. Hilft die Behörde dem nicht ab, kann das immer noch ein Richter tun.

Zuständigkeiten
Örtlich zuständig ist in der Regel das Verwaltungsgericht, in dessen Bezirk die Behörde, gegen die Sie vorgehen wollen, ihren Sitz hat. Sachlich zuständig ist in den allermeisten Fällen das Verwaltungsgericht in erster Instanz. Nur in besonderen Fällen beschäftigt sich sofort das Oberverwaltungsgericht oder das Bundesverwaltungsgericht mit Ihrer Beschwerde.

Gerichtsbescheid
Pendant zum Strafbefehl im Verwaltungsverfahren. Ist der Sachverhalt für das Gericht eindeutig und einfach, entscheidet es ohne mündliche Verhandlung per Gerichtsbescheid. Hiergegen kann der Betroffene Berufung einlegen.

Ermächtigungsgrundlage
Die Norm, die es einer Behörde erlaubt, in das Privatleben eines Bürgers störend einzugreifen.

KANN-Vorschrift
Ermächtigungsgrundlage, in der »kann« steht. Das heißt, die Behörde kann dem Bürger auf den Senkel gehen, muss es aber nicht. Ob sie es tut oder nicht, steht in ihrem Ermessen.

Ermessen
Entscheidungsspielraum einer Behörde. Diese Entscheidung muss argumentativ nachvollziehbar sein. Alles andere wäre Willkür.

Straftatbestand
Der Paragraf des Strafgesetzbuchs, in dem steht, was verboten ist und welche Strafe droht, wenn man es trotzdem tut.

Rechtsmittel
Gegen Urteile des Verwaltungsgerichtes gibt es die Berufung und die Revision. Gegen Urteile des Oberverwaltungsgerichtes gibt es die Revision.

Das Alter

Kurzzusammenfassung aller Regeln

§ 1 Die elementarsten Rechte erhält man nicht durch Leistung oder Schleimerei, sondern schlicht durchs Altern.

§ 2 Wem das zu lange dauert, für den haben alle Parteien Jugendorganisationen gegründet.

Ein Zitat

Vom ehemaligen Bundesgesundheitsminister Daniel Bahr (Jahrgang 1976) ist folgendes Zitat überliefert:

»Alter an sich ist keine Leistung.«

Zu den Tragödien unseres Planeten zählt, dass über 12 Prozent der Kinder in Zentralafrika das wahrscheinlich anders sehen. Die sind nämlich aufgrund der hohen Kindersterblichkeit schon tot, bevor sie auch nur das Mindestalter für die Jungen Liberalen erreicht haben.

Ob Alter eine Leistung ist, hängt also entscheidend davon ab, auf welchem Standpunkt der Eltern man geboren ist.

Wer in unserem Kulturkreis aus dem Zitat »Alter an sich ist keine Leistung« den Umkehrschluss zieht, dass Nicht-Alter demnach eine Leistung sein muss, der wird Verständnis dafür haben, dass ein 35-jähriger Bankberater Bundesgesundheitsminister werden konnte. Wer der Ansicht ist, dass man den Fehlern der Jugend gegenüber tolerant sein soll, der wird ebenfalls Verständnis dafür haben, dass ein unter 40-jähriger Ex-Bundesgesundheitsminister sich anschließend als leitender Manager der Allianz-Versicherung gesund hält.

Rein rechtlich gesehen, ist all das völlig legal: Bundesminister können Sie mit Vollendung des 18. Lebensjahres werden. Bei der

Allianz können Sie – mit Einverständnis Ihrer Eltern – bereits ab dem 13. Lebensjahr Werbeprospekte verteilen. Den Jungen Liberalen kann man allerdings erst mit 14 beitreten.

Völlig egal, ob Alter in unserem Rechtsstaat nun eine Leistung ist oder nicht: Verschiedene Altersstufen haben in jedem Fall verschiedene Bedeutungen in unserem Land.

Mit jeder Altersstufe sind in unserem Land Rechte und Pflichten verbunden. Wenn man die mit dem jeweiligen Alter verbundenen Rechte betrachtet und davon die damit verbundenen Pflichten abzieht, dann kommt man zu einem sehr klaren Ergebnis: Den größten Rechteüberschuss hat man, wenn man tot ist. Was aber nicht heißen soll, dass man nicht etwa schon vor der Geburt Rechte hätte. Ganz im Gegenteil!

Rechte, bevor man lebt

Rechte vor der Geburt

Bevor Herr Bahr auch noch sagt: »Geboren werden ist keine Leistung«, hat der Gesetzgeber längst gesagt: Richtig. Alleine schon, wer gezeugt worden ist, hat Rechte. Nicht unbedingt das Recht auf Leben. In den ersten drei Monaten nach der Zeugung kann man nämlich noch getrost abgetrieben werden. Aber das Recht auf eine Erbschaft hat der sogenannte *nasciturus* bereits inne. So steht es in § 1923 II BGB Erbfähigkeit.

(2) Wer zur Zeit des Erbfalls noch nicht lebte, aber bereits gezeugt war, gilt als vor dem Erbfall geboren.

Das kann mitunter unangenehme Konsequenzen für den ungeborenen Erben haben. Dazu ein kleines Beispiel aus der erbrechtlichen Praxis:

Mama darf den Miterben töten

Mama (M) und Papa (P) haben sich ganz doll lieb. Glaubt Mama. Sie zeugen ein Kind. Im zweiten Monat der Schwangerschaft stellt M fest, dass P sie seit Jahren betrügt. Sie hat ihn schlagartig nicht mehr so lieb. Wie es der Zufall will, entschließt sich just zu diesem Zeitpunkt eine dressierte Ratte, die Bremsleitungen am Familienferrari durchzubeißen. P beendet sein Leben überraschend in dem mit Bäumen bepflanzten Grünstreifen einer Haarnadelkurve.

Wenn es keine anderen Verwandten mehr gibt, wären jetzt M und das ungeborene Kind (K) zu gleichen Teilen erbberechtigt. Wenn M – der man aufgrund der dressierten Ratte keine Beihilfe zum Unfall ihres Gatten nachweisen kann – aber lieber alles alleine erben möchte, dann steht es ihr in unserem Land absolut frei, ihren Miterben K innerhalb der nächsten vier Wochen in einer Abtreibungsklinik töten zu lassen. Natürlich nach einer erbrechtlichen und medizinischen Konfliktberatung.

So einfach kann eine erbrechtliche Lösung sein.

Rechte vor der Zeugung

Wenn Herr Bahr jetzt immer noch rumkritisiert und behauptet: »Gezeugt zu werden ist nun aber wirklich keine Leistung«, dann hat das BGB noch einen besseren Klops parat: Man muss in unserem Rechtsstaat noch nicht einmal gezeugt sein, um Rechte zu haben. Schon vor der Zeugung kann testamentarisch bestimmt werden, dass jemand – so er denn gezeugt und geboren wird – irgendwann einmal Erbe sein wird. Nach einem anderen, der bereits lebt oder gezeugt ist. So etwas nennt sich Nacherbschaft. Geregelt ist das in **§ 2101 BGB Noch nicht gezeugter Nacherbe**

(1) Ist eine zur Zeit des Erbfalls noch nicht gezeugte Person als Erbe eingesetzt, so ist im Zweifel anzunehmen, dass sie als Nacherbe eingesetzt ist.

Sinn einer solchen Regelung ist es, das Familienvermögen über Generationen hinweg zusammenzuhalten. Diese Regelung hat in der Praxis also eine relativ hohe Bedeutung in Familien, in denen der Nachname ziemlich viele Bindewörter wie »von« oder »zu« enthält und in denen sich die Eltern seit Generationen viele Chromosomenketten teilen.

Um es – auch für Herrn Bahr – zusammenzufassen: Ja – wir leben in einer Leistungsgesellschaft.

Ja – Leistung soll sich also lohnen, völlig unabhängig vom Alter.

Nein – der Gesetzgeber sieht es nicht als Leistung an, reiche Eltern zu haben.

Ansonsten hat der Gesetzgeber aber wirklich alles unternommen, um diejenigen, die in Zukunft ihren Lebensunterhalt nicht erarbeiten, sondern ererben werden, schon weit vor der Geburt zu verhätscheln.

Der Gesetzgeber sieht es bereits als Leistung an, in der Zukunft reiche Eltern zu haben. Er belohnt dies mit der Möglichkeit, schon vor der Geburt Erbschaftsansprüche zu erwerben.

Und er sieht es sogar als Leistung an, von reichen Eltern irgendwann einmal gezeugt werden zu wollen. Und belohnt dies mit der Möglichkeit, schon vor der Zeugung Nacherbe zu werden.

Das mag bei dem einen oder anderen irgendwie einen gewissen Neid auf einige ungeborene und ungezeugte, aber nichtsdestotrotz bereits im Hoden des Vaters steinreiche Kinder erzeugen. Auf der anderen Seite schützt es diese ungeborenen und ungezeugten Privatiers allerdings nicht davor, ihre Rechte an einer Kondomwand oder in einer Abtreibungsklinik schlagartig wieder zu verlieren.
Neid ist also nicht angebracht.

Rechte, wenn man lebt

All diese erbrechtlichen Besonderheiten vor der Geburt ändern nichts an der Tatsache, dass auch in Deutschland das Hauptaugenmerk des juristischen Daseins auf dem Zeitraum zwischen Geburt und Tod liegt. Und in diesem Zeitraum kann man im Grunde kaum mal fünf Jahre die Augen zumachen, ohne irgendwelche Rechte oder Pflichten zu verschlafen. Der Staat macht einem zu extrem vielen Geburtstagen Geschenke, fordert aber auch immer etwas dafür.

Die Geburt

Mit der Geburt beginnt die sogenannte Rechtsfähigkeit. Das ist die Fähigkeit, Träger von Rechten und Pflichten zu sein.
Ein Neugeborenes hat zum Beispiel ab dem ersten Atemzug den im Grundgesetz verankerten Anspruch auf Pflege und Erziehung

nach Art. 6 GG. Es hat außerdem den Anspruch auf persönlichen Umgang mit beiden Eltern nach § 1684 BGB. Ob man diese Rechte mit frisch abgeklemmter Nabelschnur auch schon selbstständig geltend machen kann oder noch im Kreißsaal zu irgendetwas verpflichtet werden kann, ist eine ganz andere Frage.

1. Geburtstag

Mit Vollendung des ersten Lebensjahres haben Sie nach § 24 VIII SBG VIII (Sozialgesetzbuch) einen Rechtsanspruch auf einen Kindergartenplatz. Das tut Ihrer Entwicklung gut und gibt Ihnen die Möglichkeit, schon in jungen Jahren echte Freundschaften zu schließen. Lediglich die CSU war eine Zeit lang der Ansicht, dass der Haushaltskasse 150 Euro Herdprämie (Betreuungsgeld) besser täten und Kinder ihren Rechtsanspruch so laut sie wollen bei ihren Eltern einklagen dürften, aber trotzdem zu Hause blieben, um dort Freundschaft mit dem Kinderfernsehprogramm zu schließen. Das Bundesverfassungsgericht hat diese Familienfantasie allerdings nicht geteilt.

5. Geburtstag

Es wird davon ausgegangen, dass ein Kind ab dem fünften Lebensjahr sprechen kann. Deshalb muss es ab dem 5. Geburtstag auch eine sogenannte Anschlusserklärung abgeben, wenn ein Elternteil oder beide Eltern den Familiennamen ändern wollen und davon auch das Kind betroffen ist.

Beispielfall: Müller (M) oder Meier (auch M)?

Nehmen wir an, Heike Müller (M) und Peter Meier (auch M) leben mit dem gemeinsamen Kind Frauke in wilder Ehe. Bislang heißt das Kind mit vollem Namen Frauke Müller. Wenn Heike und Peter nun fünf Jahre nach der Geburt heiraten und Heike Müller in Zukunft Heike Meier heißen möchte, dann muss laut Gesetz auch die fünfjährige Frauke gefragt werden, was sie davon hält, in Zukunft Frauke Meier zu heißen.

In der Praxis läuft das bei Fünfjährigen darauf hinaus, dass die Eltern diese Erklärung für ihr Kind abgeben. Erst ab dem 14. Lebensjahr kann das Kind eine solche Erklärung selbst abgeben, braucht dafür aber zumindest die Zustimmung der Erziehungsberechtigten. Für Frauke ist das doppelt doof. Zum einen hat dieses Recht auf Abgabe einer Anschlusserklärung für sie damit keinerlei Relevanz. Zum anderen wird sie den schlimmsten Teil ihres Namens durch die Namensänderung sowieso nicht los. Sie wird weiterhin Frauke heißen.

6. Geburtstag

Schulpflicht

Ab dem 6. Lebensjahr überrennt Sie mit voller Wucht die erste richtige Pflicht des Lebens: die allgemeine Schulpflicht. Diese ergibt sich aus Art. 7 I GG in Verbindung mit den Schulgesetzen der einzelnen Bundesländer. Leider hat es der Gesetzgeber versäumt, das wunderbare Angebot, kostenlos Lesen, Schreiben und Rechnen beigebracht zu bekommen, auch sprachlich entsprechend angenehm zu benennen. »Bildungsprivileg« klingt zu elitär, »Wissensgeschenk« reizt zum Ausschlagen.

Die Schulpflicht geht auch in aller Regel zunächst einmal auf Kosten der Eltern. Ganz konkret auf Kosten des bislang kostengünstigen Urlaubs. Es ist finanziell schon ein gewaltiger Unterschied, ob man sich in der Zwischensaison oder in der Hauptsaison mit der Familie ein paar Tage auf Mallorca vergnügt. Die aufgrund der Schulpflicht durch das Zeitfenster entstehende finanzielle Lücke im Urlaubsbudget von Familien im Vergleich zu kinderlosen Paaren wird durch die alljubeljährliche Kindergelderhöhung von 4 Euro pro Kind und Monat auch nicht ganz geschlossen.

In Deutschland werden Kinder mit Schultüten in die Schule gelockt. In Nigeria werden Kinder mit Waffengewalt aus der Schule vertrieben. In Deutschland bezeichnet man die Schule als Pflicht. In Nigeria als Luxus.

Irgendwann kommen aber auch Kinder in ein Alter, in dem sie zumindest Anspruch auf einen kostenlosen Kurzurlaub während der nächsten Mathestunde erheben. Es bedarf also rechtlicher Mittel, um die Schulpflicht gegen Angriffe von Eltern und Kindern zu verteidigen. Maßnahmen gegen Schulpflichtverletzungen lassen sich – nach Härtegrad gestaffelt – einteilen in Erziehungsmaßnahmen, Ordnungsmaßnahmen, Ordnungswidrigkeitenverfahren und Strafverfahren.

- Erziehungsmaßnahmen richten sich an die Schüler und sind vor allem Gespräche mit gutmeinenden Lehrern mit schlechtem Atem (mündliche Ermahnung), Eintragungen ins Klassenbuch, der kurzzeitige Ausschluss vom laufenden Unterricht oder das Wiederholen des versäumten Unterrichts.
- Ordnungsmaßnahmen sind der schriftliche Verweis, der Unterrichtsausschluss für bis zu zehn Tage, die Umsetzung in eine andere Klasse oder die Überweisung in eine andere Schule.
- Ordnungswidrigkeitenverfahren bedeuten in der Regel ein Bußgeld und richten sich in erster Linie an Eltern, die nicht willens oder in der Lage sind, ihre Kinder den örtlichen Pädagogen auf Beamten- oder Angestelltenbasis zuzuführen. Erst wenn die kleinen Schwänzer mindestens 14 Jahre alt sind, kann auch gegen sie persönlich ein Bußgeld oder eine Arbeitsauflage verhängt werden, um den Schulbesuch lohnenswerter erscheinen zu lassen.
- Zu guter Letzt kann gegen Eltern schwänzender Kinder auch ein Strafverfahren wegen Verletzung der Fürsorge- und Erziehungspflicht nach § 171 StGB eingeleitet werden. Das kann mit bis zu drei Jahren Haft belohnt werden und ist selbst mit dem schlimmsten Urlaub auf Mallorca nicht vergleichbar.

Kino

Um den somit zwangsverpflichteten Kindern nach diesem Paukenschlag an Pflichten zum sechsten Geburtstag einen kleinen Ausgleich an Rechten zu gewähren, werden Sechsjährige vom Gesetz zum Schutz der Jugend in der Öffentlichkeit geradezu verwöhnt: Ab dem vollendeten sechsten Lebensjahr dürfen Kinder ohne Begleitung des Erziehungsberechtigten bis 20 Uhr ins Kino (§ 6 I, IV JÖSCHG).

Da Sechsjährige dieses Gesetz in der Regel noch nicht lesen können, wird dieses Recht nur selten in Anspruch genommen. Es gilt ohnehin nur, wenn ein anderer Aufpasser dabei ist und die Filme auch für Sechsjährige freigegeben sind.

7. Geburtstag

Deliktsfähigkeit

Wer gedacht hat, etwas Schlimmeres als die Schulpflicht könnte nicht passieren, der wird mit seinem siebten Geburtstag eines Besseren belehrt werden. Ab dem siebten Lebensjahr ist man nämlich zivilrechtlich beschränkt deliktsfähig nach § 828 II BGB. Was bedeutet das?

Eine Menge in Bezug auf Schadensersatzpflichten, wenn man Mist gebaut hat. Auf Juristisch nennt sich das deliktische Haftung. Einen Schaden muss man generell nur dann ersetzen, wenn man ihn verschuldet hat. Vor Vollendung des siebten Lebensjahres gilt jeder Mensch als schuldunfähig. Unter 7 Jahren kann man also anstellen, was man will: Man ist *nie* schuld, man muss persönlich *nie* für den Schaden aufkommen – egal, was die Eltern sagen. Ob die Eltern sauer sind, weil eventuell sie für den Schaden aufkommen müssen, ist eine ganz andere Frage.

Wer das siebente Lebensjahr vollendet hat, gilt allerdings plötzlich als beschränkt deliktsfähig: Wer 7 Jahre alt ist und die Einsicht hatte, Mist zu bauen, kann selber daran schuld sein und dafür dann auch zivilrechtlich zur Verantwortung gezogen werden. Es ist also schon als Kind von Vorteil, sich immer schön doof zu stellen.

Wenn Sie jetzt fragen: »Wie kann man einem Kind nur zumuten, Schadensersatz leisten zu müssen?«, dann denken Sie doch bitte daran, dass der gleiche Siebenjährige schon vor seiner Zeugung als Nacherbe eingesetzt werden und somit Vermögensansprüche haben kann. Wenn dieser Wonneproppen entgegen allen Verboten der Eltern heimlich mit der Familiendogge zur Pommesbude läuft, wo die Dogge sämtliche Auslagen leer frisst, dann sollte der Pommesbudenbesitzer nicht leer ausgehen und notfalls auch an das ererbte Vermögen des kleinen Prinzen gehen dürfen.

Geschäftsfähigkeit

Wenn Sie jetzt fragen: »Was will der siebenjährige Junge denn auch bei der Pommesbude?«, dann lautet die juristisch korrekte Antwort: »Wahrscheinlich rechtmäßig Pommes kaufen.«
Ab dem siebten Lebensjahr sind Sie nämlich beschränkt geschäftsfähig. Das heißt, ab dem siebten Geburtstag können Sie wirksam Pommes oder Ähnliches kaufen, sofern:

- Ihre Eltern Ihnen das vorher ausdrücklich erlaubt haben (§ 107 BGB),
- Ihre Eltern Ihnen das nachträglich genehmigen (§ 108 I BGB),
- Ihre Eltern Ihnen Taschengeld geben, mit dem Sie machen dürfen, was Sie wollen (§ 110 BGB).

12. Geburtstag

Mit dem zwölften Geburtstag gewinnen Sie religiöse Freiheit. Ihre bislang freikirchlichen Eltern dürfen Sie zumindest nicht mehr gegen Ihren Willen als Konvertiten in den Islamischen Staat oder ein buddhistisches Kloster verschleppen. So will es § 5 des Gesetzes über die religiöse Kindererziehung (RelKErzG): »Hat das

Kind das zwölfte Lebensjahr vollendet, so kann es nicht gegen seinen Willen in einem anderen Bekenntnis als bisher erzogen werden.«

13. Geburtstag

Während sich 13-jährige Kinder in pakistanischen Textilfabriken langsam Gedanken über den Vorruhestand machen, eröffnen sich für ihre gleichaltrigen Kunden in Deutschland jetzt erst die ersten Arbeitsmöglichkeiten. Nach der Kinderarbeitsschutzverordnung (KindArbSchV) können sie ab dem 13. Lebensjahr gegen Geld:

- Zeitungen und Prospekte austeilen,
- Rasen mähen,
- Babys sitten,
- Nachhilfe geben,
- Haustiere betreuen oder
- bei der Ernte helfen.

Dabei werden sie in der Regel einen wesentlichen höheren Stundenlohn bekommen, als ihre Altersgenossen in Pakistan in der Woche verdienen. Von dem Geld müssen aber auch für teures Geld Modeklamotten gekauft werden, die günstig in Asien produziert wurden. Kinderarbeit und Kinderkonsum schließen sich also nicht aus.

14. Geburtstag

Es ist völlig unverständlich, warum alle Jugendlichen den 18. Geburtstag herbeisehnen. Das eigentliche Highlight im Leben eines jeden Heranwachsenden ist der 14. Geburtstag. Denn ab diesem Tage haben sie

- die volle Religionsmündigkeit (§ 5 RelKErzG),
- ein eigenes Entscheidungsrecht bei Namensänderungen
- und sind bedingt strafmündig (§ 3 JGG).

Beispielfall: Abu Gustl

Der Zeuge Jehovas Gustav Bimmsteiner (Gustav B) darf also an seinem 14. Geburtstag zum Salafismus übertreten und beantragen, fortan nur noch Abu Gustl (Abu G) genannt zu werden. Das macht zwar keinerlei Sinn, weil der Namensbestandteil »Abu« so viel bedeutet wie »Vater von«, stört aber die Benutzer von Kampfnamen nicht.

Sofern Abu Gustl vorhat, mit seinem ebenfalls zum 14. Geburtstag erhaltenen Multifunktionstaschenmesser nun in den Irak zu reisen, dann sollte er sich allerdings darüber im Klaren sein, dass er für den Spökes, den er ab sofort anstellt, strafrechtlich nach Jugendstrafrecht belangt werden kann, sofern er nach seiner sittlichen und geistigen Entwicklung reif genug ist, das Unrecht der Tat einzusehen. Bei Kindern, die sich Kampfnamen geben, ist das oftmals fraglich.

Sollten sich die Eltern von Gustav über die weitere Erziehung ihres Kindes derart zerstreiten, dass sie sich trennen, dann hat Gustav ab dem 14. Lebensjahr auch familienrechtlich einige Freiheiten dazubekommen. Er darf ab sofort

- *Sorgerechtsübertragungen widersprechen,*
- *in die eigene Adoption einwilligen oder ihr widersprechen*
- *und er muss bei allen gerichtlichen Sorgerechtsentscheidungen angehört werden.*

Vielleicht will Gustav aber auch nichts von alledem und die schwierigen Stunden eines pubertären Geburtstags lieber alleine für sich im Kino verbringen. Das bereits erwähnte Gesetz zum Schutz der Jugend in der Öffentlichkeit erlaubt ihm das ab sofort bis 22 Uhr.

15. Geburtstag

Mit 15 sind Sie kein Kind mehr – jedenfalls nach dem Jugendarbeitsschutzgesetz. Mit dem 15. Lebensjahr gilt demnach auch kein Beschäftigungsverbot mehr. Sie dürfen arbeiten. Damit wenigstens der Weg zur und von der Arbeit Spaß macht, dürfen Sie mit 15 Jahren auch die Fahrberechtigung für Mofas erwerben.

16. Geburtstag

Ihr 16. Geburtstag sollte für Sie eine Herzensangelegenheit sein – jedenfalls rechtlich betrachtet. Sie dürfen Ihr Herz bindend verschenken, mit 16 sind Sie nämlich beschränkt ehemündig und dürfen nach § 1303 II BGB mit Erlaubnis des Familiengerichts jemand Volljährigen heiraten. Sie dürfen allerdings auch einwilligen, sich das Herz erst nach dem Tod rausreißen zu lassen: als Organspender nach § 2 des Transplantationsgesetzes (TPG). Vorher können Sie ab dem 16. Geburtstag Ihr Testament selbst verfassen, Sie sind nämlich testierfähig nach § 2229 BGB.

Sofern Sie adoptiert sind, ist es nicht ganz unwichtig zu wissen, dass Sie mit 16 ein Einsichtsrecht in Ihr Abstammungsbuch sowie in die Adoptionsvermittlungsakte haben. Sie können sich also auch gegen den Willen Ihrer Adoptiveltern auf die Suche nach Ihren genetischen Wurzeln machen.
Gefällt Ihnen nicht, was Sie auf der Suche finden, dann bietet das Jugendschutzgesetz Ihnen als 16-Jährigen jede Möglichkeit der Entspannung. Sie dürfen sich bis um 24 Uhr in einer Gaststätte mit allem niedrigprozentigen Alkohol dieser Welt betrinken und draußen vor der Tür nach Herzenslust rauchen. Aber nehmen Sie bitte Ihren Personalausweis mit, dazu sind Sie nämlich ab sofort ebenfalls verpflichtet.

18. Geburtstag

Die Jugendlichen, die meinen, mit Eintritt der Volljährigkeit nicht mehr beschränkt zu sein, sind es meistens sowohl vorher als auch nachher. Trotzdem dürfen sie das in ihren Augen mit 18 absolut Entscheidende tun: Führerschein machen, Auto fahren.
Ansonsten gehen damit natürlich noch ein paar andere gravierende rechtliche Veränderungen einher – die aber vor allem viel mit Verantwortung zu tun haben. Die wichtigsten ab dem 18. Geburtstag:

- Sie sind voll geschäftsfähig und können selber so viele Knebelverträge abschließen, wie Sie wollen. Der Gerichtsvollzieher klingelt in Zukunft bei Ihnen – nicht bei Ihren Eltern.
- Sie sind zivilrechtlich auch voll deliktsfähig. Wenn Sie Mist bauen, haften Sie dafür.
- Spätestens jetzt haben Sie in allen Bundesländern das aktive

und passive Wahlrecht zum Bundestag, zu den Landtagen und zum Europaparlament. Das heißt, Sie können ab sofort am Wahlsonntag aktiv selbst ein Kreuz machen, als auch in den Wochen davor passiv als Kandidat mit einem fragwürdigen Foto von Pappaufstellern lächeln. Sie können also die wählen, die Gesetze machen, oder selbst ein Gesetzesmacher werden. Machen Sie von beidem keinen Gebrauch, gibt es für Sie ab sofort keinerlei Grund mehr, sich über irgendein Gesetz oder irgendeine staatliche Vorschrift zu beschweren.

- Sie gelten im Strafrecht als Heranwachsender, werden als Krimineller also immer noch nicht für voll genommen. In einem Strafprozess wird im Einzelfall entschieden, ob gegen Sie nach Erwachsenenstrafrecht verhandelt wird oder – mit entsprechend milderem Ergebnis – nach wie vor nach Jugendstrafrecht.

Welche Auswirkungen es hat, wenn Sie vom Staat zwar als Wähler, nicht aber als Krimineller akzeptiert werden, zeigt folgender kleiner

Beispielfall: Willkommen im Rechtsradikalstaat

Der kleine Valentin (V) aus Schwerin ist arbeitslos, Schulabbrecher, rechtsradikal, alkoholisiert, aggressiv und wahlberechtigt. Sein 18. Geburtstag fällt mit der Landtagswahl zusammen.

Er geht zunächst rotzbesoffen ins Wahllokal und macht sein Kreuz bei einer zugelassenen rechtsradikalen Partei. Auf dem Rückweg beschließt er, sich selbst eine Freude zu machen, und prügelt mit fünf Freunden einen Gaststudenten aus Mali mit Baseballschlägern krankenhausreif.

Während es für die Gültigkeit seiner Wahlstimme völlig egal ist, dass V nicht der Schlaueste, dafür aber betrunken und gerade mal 18 ist, spielt dies für seine Strafbarkeit durchaus eine Rolle. Vs Verhalten bei der Wahl wird ernst genommen. Er ist ja schon 18. Damit steht außer Frage, dass er die geistige Reife besitzt, um über die Geschicke eines ganzen Landes mitzubestimmen. Die von ihm gewählte Partei zieht – auch wenn sie es nur mit Hilfe von Vs Stimme über die Fünfprozenthürde schafft – in den Landtag ein.

Vs Verhalten gegenüber dem Gaststudenten wird nicht ernst genommen. Er ist ja erst 18. Damit ist fraglich, ob er die geistige Reife zur Einsicht besitzt, dass man andere Menschen nicht mit Holzknüppeln schlägt. Obendrein war er angetrunken. Er zieht nicht in den Knast ein.

Happy Birthday!

Wer in diesem Zustand seine Stimme als Wähler abgibt, gilt als zurechnungsfähig. Wer in diesem Zustand jemand anderen verprügelt, nicht.

21. Geburtstag

Volle Strafmündigkeit

Mit dem heutigen Tage gelten Sie auch im strafrechtlichen Sinne endlich als erwachsen. Herzlichen Glückwunsch!

Personenbeförderungsschein

Es ist völliger Zufall, dass nur voll strafmündige Personen Taxifahrer werden dürfen. Aber in der Tat dürfen Sie erst nach Vollendung des 21. Lebensjahres eine Personenbeförderungslizenz erwerben.

Adoptionsbewerber

Wenn Sie ein Kind adoptieren wollen, müssen Sie mindestens 21 Jahre alt sein, sofern Ihr Partner 25 Jahre alt ist.

25. Geburtstag

Noch mal Adoptionsbewerber

Wenn Sie immer noch ein Kind adoptieren wollen, können Sie ab heute Ihren Partner gegen einen jüngeren eintauschen. Sie sind selber 25, da reicht also die Beziehung zu einem/einer 21-Jährigen (siehe 21. Geburtstag).

Schöffe

Mit 25 Jahren haben Sie das Mindestalter erreicht, um bei Gericht das Amt eines Laienrichters (Schöffen) zu bekleiden (§ 33 Gerichtsverfassungsgesetz – GVG).

Kindergeld
Sie haben das Höchstalter zum Bezug von Kindergeld erreicht – also bitte langsam daran denken, mit der Ausbildung fertig zu werden.

27. Geburtstag

Endlich ist die Ernennung zum Beamten auf Lebenszeit möglich. Das macht die Eltern stolz. Sollten Sie keine Eltern mehr haben, dann ist die Ernennung zum Berufsbeamten unter Umständen als Einkommensquelle dringend notwendig, denn gleichzeitig ist das 27. Lebensjahr das Höchstalter beim Bezug von Waisenrenten.

Nach dem 30. Geburtstag

Sie haben das Höchstalter für die Beantragung von Ausbildungsförderung erreicht. Sofern Sie nach dem 21. Geburtstag noch keinen Taxischein gemacht haben, wäre jetzt vielleicht ein Anlass dazu gegeben.
Ab jetzt kann Ihre Karriere ungeahnte Wendungen nehmen. Sollten Sie – warum auch immer – über zwei juristische Staatsexamina verfügen, könnten Sie mit 40 Jahren zum Verfassungsrichter ernannt werden (§ 3 BVerfGG). Alternativ können Sie von nun an auch ohne Studium zum Bundespräsidenten gewählt werden (Art. 54 GG).

Rechte am Lebensabend

Die Deutschen werden immer älter, und die Griechen sind das einzige Volk der Erde, in dem Rentner finanziell die Europäische Union aussaugen. Eine dieser Aussagen ist sicherlich wahr. Je älter die Deutschen werden, desto ausschließlicher beschäftigen sie sich – rein rechtlich – mit dem Ausscheiden aus dem aktiven Arbeitsleben.

55. Geburtstag

Langsam sinken die Ansprüche der Gesellschaft an Ihre Arbeitsleistung. Mit 55 Jahren könnten Sie in Altersteilzeit gehen. Welcher Teil der Zeit mit diesem Wort positiv besetzt ist, ist Auslegungssache.

58. Geburtstag

Sofern Sie arbeitslos sind oder werden, können Sie ab dem 58. Lebensjahr gegenüber dem Arbeitsamt erklären, dass Sie keine Arbeit mehr suchen und eine Rente beantragen.
Sofern Sie nicht arbeitslos sind, können Sie dem Chef jetzt täglich offener die Meinung sagen – die Alternative zur Arbeitslosigkeit ist ebenfalls die Frühverrentung.

60. Geburtstag

Frauen können unter bestimmten Voraussetzungen ab dem 60. Lebensjahr eine vorzeitige Altersrente in Anspruch nehmen. Das hört sich toll an, sollte aber nicht Anlass zu allzu hohen Freudensprüngen sein. Zum einen ist die Gefahr eines Oberschenkelhalsbruches nach hohen Sprüngen bei Frauen über 60 signifikant erhöht. Zum anderen leben wir in einem Land, in dem schon berufstätige Frauen im Schnitt 22 Prozent weniger verdienen als berufstätige Männer. Die finanziellen Einschnitte bei der Rente – zumal der vorzeitigen – sind entsprechend.

63. Geburtstag

Langjährig Versicherte können bereits mit 63 Jahren in Altersrente gehen. Langjährig versichert ist, wer 35 Jahre lang in die Rentenkassen eingezahlt hat. Sollten Sie unmittelbar nach dem abgebrochenen Politikstudium mit 40 Jahren Bundespräsident geworden sein, können Sie schon rein rechnerisch in 23 Jahren nicht 35 Jahre lang eingezahlt haben. Für Bundespräsidenten, die sowieso nur zehn Jahre lang als solche arbeiten dürfen, gilt deshalb eine andere Altersgeldregel: Sie bekommen nach dem Ausscheiden einen Ehrensold von über 200 000 Euro im Jahr. Egal, wie alt sie sind.

65. Geburtstag

Glückwunsch – fürs Erste können Sie nun in die reguläre und hoch verdiente Altersrente. Je nachdem, wann Sie dies lesen, stimmt dies allerdings nicht, da das reguläre Rentenalter sukzessive auf 67 Jahre erhöht wird.

70. Geburtstag

Sie haben das Höchstalter für die Berufung in das Amt eines Schöffen erreicht. Spätestens jetzt sollten Sie sich für den Rest des Alters ein anderes Hobby zulegen.

Tod

Sie sind alle Pflichten los – herzlichen Glückwunsch!
Sie haben aber noch Rechte: zum Beispiel das postmortale Persönlichkeitsrecht. Durften Sie schon vor dem Tod nicht verunglimpft werden, so darf dies auch danach nicht geschehen. Je intensiver Sie lebend in der breiten Öffentlichkeit standen, desto schützenswerter ist Ihr Ansehen auch nach dem Tode. Dieser Schutz kann notfalls von Ihren Angehörigen gerichtlich durchgesetzt werden.

70 Jahre nach Ihrem Tod

Sofern Sie als Urheber von Büchern, Liedern oder Ähnlichem die Urheberrechte an diesen innehatten, enden diese 70 Jahre nach Ihrem Tod.

Ihre Rechte können also schon weit vor Ihrer Zeugung beginnen und enden erst 70 Jahre nach Ihrem Tod. Einen Kopf um Ihr Recht müssen Sie sich allerdings nur zwischen Geburt und Tod machen. Und auch da bitte nur in dem Rahmen, den Ihre Rechtsschutzversicherung übernimmt. Alles andere geht nur zu Lasten Ihrer Lebensfreude und lohnt sich nicht.

Klugscheißerwissen, das Sie in jede Diskussion zum Thema Alter einwerfen sollten

Nasciturus:
Der *Nasciturus* ist schon gezeugt, aber noch nicht geboren. Er hat bereits erbrechtliche Ansprüche.

Nacherbe
Sie können testamentarisch bestimmen, dass Ihr Vermögen nach Ihrem Tod zunächst auf einen von Ihnen benannten Erben übertragen werden soll. Für den Fall, dass Ihr Geld länger auf dieser Erde verweilen sollte als dieser Erbe, können Sie gleichzeitig bestimmen, wer dann den Rest Ihres Vermögens bekommen soll. Der Erstbedachte wird Vorerbe genannt, der danach bedachte Nacherbe. Selbst wer noch nicht einmal gezeugt worden ist, kann testamentarisch als Nacherbe eingesetzt werden.

Kitaplatz
Ein Platz in einer Kindertagesstätte ist ein mathematisches Paradoxon: Jedes Kind hat ab dem 1. Lebensjahr einen Rechtsanspruch darauf, die meisten Kitas haben aber Wartelisten von bis zu zwei Jahren. Ob Sie Pille oder Kondom vergessen, ist also nicht so wichtig – Kinder sind toll. Vergessen Sie aber nicht, drei Monate bevor Sie mit der Verhütung patzen, Ihr noch ungezeugtes Kind beim besten Kindergarten der Stadt anzumelden.

Schulpflicht

In Nigeria riskieren Sie und Ihre Kinder Ihr Leben, wenn Sie Ihre Kinder auf Schulen schicken, die »westliche Bildung« vermitteln. In Deutschland riskieren Sie ein Ordnungsgeld, wenn Sie es nicht tun.

Deliktsfähigkeit

Im Zivilrecht die Fähigkeit, schuldhaft zu handeln. Da es keine Haftung ohne Verschulden gibt, haften nur deliktsfähige Menschen für den Schaden, den sie anrichten. In Deutschland sind Sie ab dem 14. Lebensjahr beschränkt deliktsfähig, ab dem 18. Lebensjahr voll deliktsfähig.

Geschäftsfähigkeit

Die rechtliche Geschäftsfähigkeit ist streng von der tatsächlichen Geschäftsfähigkeit zu unterscheiden. Ab dem 7. Lebensjahr können Sie mit dem Einverständnis Ihrer Eltern am Geschäftsleben teilnehmen. Ab dem 18. Lebensjahr auch ohne. Das ist die rechtliche Geschäftsfähigkeit. Schicken Sie mal zum Test einen Achtjährigen und einen Topmanager an einen Kiosk. Wenn der Achtjährige 1,20 Euro hat, wird er maximal 1,20 Euro ausgeben. Den Kiosk wird es auch in fünf Jahren noch geben. Wenn der Topmanager 1,20 Euro hat, wird er trotzdem auf Pump den ganzen Kiosk kaufen, den Lieferwagen privat nutzen, der Hälfte der Angestellten den Lohn kürzen und den Rest entlassen. Den Kiosk wird es in fünf Jahren nicht mehr geben. Das ist tatsächliche Geschäftsfähigkeit.

Bekenntnisfreiheit

Ab dem 12. Lebensjahr können Sie nicht mehr gezwungen werden, gegen Ihren Willen die Religion zu wechseln. Ab dem 14. Lebensjahr können Sie gegen den Willen Ihrer Eltern die Religion wechseln.

Strafmündigkeit

Bis zum 14. Lebensjahr sind Sie nicht strafmündig, können also für das, was Sie anstellen, strafrechtlich nicht belangt werden. Vom 14. bis zum 18. Lebensjahr gelten Sie als Jugendlicher und sind beschränkt strafmündig. Wenn das, was Sie anstellen, nach dem Strafgesetzbuch verboten ist, werden Sie nach Jugendstrafrecht vergleichsweise milde bestraft.

Von 18 bis 21 Jahren gelten Sie als Heranwachsender. Je nach dem, für wie geistig helle der Richter Sie hält, kann er Sie nach Jugendstrafrecht oder nach Erwachsenenstrafrecht verurteilen. Intelligenz lohnt sich vor Gericht nicht unbedingt, solange man keine schwarze Robe trägt.

Ehemündigkeit

Die Fähigkeit, eine Ehe eingehen zu können, ist rein rechtlich ab 16 Jahren gegeben. Dann können Sie mit Einverständnis des Familiengerichts jemanden über 18 heiraten. Ob Sie auch tatsächlich reif für eine Ehe sind, zeigt sich ja dann in der Ehe.

Die Gesetzmäßigkeiten der Lüge. Reden ist Mumpitz, Schweigen ist Silber, Anwalt ist Gold wert

Kurzzusammenfassung aller Regeln

§ 1 Lügen an sich ist nicht strafbar.

§ 2 Im Gegenteil: Lügen bringt viele Vorteile.

§ 3 Nur wenn man bestimmte Personengruppen an oder über bestimmte Sachverhalte herumlügt, bringt das Nachteile.

§ 4 Zum Beispiel den, dass Lügen dann doch strafbar ist.

Lügen an sich

Wenn Sie im Internet googeln, wie oft ein Mensch am Tag lügt, kommen Sie schnell auf viele Artikel mit der Antwort: »Der Mensch lügt am Tag 200-mal!«. Diese Zahl ist leider durch nichts belegt und ganz offensichtlich selber gelogen. Über die anderen 199 Lügen des Tages müssen Sie sich also keine großen Gedanken mehr machen. Wichtig ist nur die Erkenntnis: Gelogen wird gerne und häufig.

Warum auch nicht? Lügen an sich ist generell erst einmal nicht strafbar. Es gibt keinen Straftatbestand, der es per se verbietet, die Unwahrheit zu sagen. Ganz im Gegenteil: Wer lügt, wird gewählt, befördert, mit ins Bett genommen, bekommt mehr Taschengeld oder darf abends länger wegbleiben.

Wenn die Lüge dann entdeckt wird, mag das zwar im privaten Umfeld Konsequenzen haben, weil man zum Beispiel mit der Holznase immer im Türrahmen hängen bleibt oder den gut bezahlten Ministerposten gegen einen noch besser bezahlten Job in der freien Wirtschaft eintauschen muss, dem Gesetz ist das allerdings in den allermeisten Fällen völlig schnuppe. Auch wenn Lügen landläufig kurze Beine haben, können Sie trotzdem als Lügner mit großen Schritten sehr elegant über das Gesetz hinwegschreiten. Nur in ganz wenigen, sehr eng bestimmten und abschließend geregelten Konstellationen ist die Lüge Voraussetzung für eine Strafe oder eine zivilrechtliche Konsequenz.

Lügen vor Gericht

Kurzzusammenfassung aller Regeln

§ 1 Vor Gericht sollten Sie nicht lügen.
§ 2 Vor Gericht sollten Sie im Zweifel lieber gar nichts sagen.
§ 3 Sollten Sie vor Gericht doch etwas sagen müssen, dann
a) sagen Sie die Wahrheit oder
b) lassen das mit der Wahrheit durch einen Anwalt erledigen.

Der bekannteste Straftatbestand im Zusammenhang mit der Unwahrheit ist die Lüge vor Gericht:

§ 153 Falsche uneidliche Aussage

Wer vor Gericht oder vor einer anderen zur eidlichen Vernehmung von Zeugen oder Sachverständigen zuständigen Stelle als Zeuge oder Sachverständiger uneidlich falsch aussagt, wird mit Freiheitsstrafe von drei Monaten bis zu fünf Jahren bestraft.

Wenn Sie dem Richter obendrein auch noch schwören, dass Sie die Wahrheit sagen, also unter Eid lügen, dann ist das sogar ein Meineid nach § 154 StGB. Dafür gibt es dann *mindestens* ein Jahr Freiheitsstrafe.
Die Eidesformel der Strafprozessordnung lautet interessanterweise wie folgt:

§ 64 Eidesformel

(1) Der Eid mit religiöser Beteuerung wird in der Weise geleistet, dass der Richter an den Zeugen die Worte richtet:
»Sie schwören bei Gott dem Allmächtigen und Allwissenden, dass

Sie nach bestem Wissen die reine Wahrheit gesagt und nichts verschwiegen haben.«
Und der Zeuge spricht hierauf die Worte:
»Ich schwöre es, so wahr mir Gott helfe.«

(2) Der Eid ohne religiöse Beteuerung wird in der Weise geleistet, dass der Richter an den Zeugen die Worte richtet:
»Sie schwören, dass Sie nach bestem Wissen die reine Wahrheit gesagt und nichts verschwiegen haben.«
Und der Zeuge spricht hierauf die Worte:
»Ich schwöre es.«

Merken Sie etwas? Sie können den Eid mit oder ohne religiöse Formel schwören. Die Strafe, falls Sie lügen, ist in beiden Fällen aber gleich. Es ist dem Gesetzgeber also relativ egal, ob Sie nur das Gericht oder das Gericht und obendrein auch noch Gott anlügen. Daraus lässt sich relativ einfach herleiten: Gott anlügen ist nicht strafbar.
Auf der anderen Seite macht die Vorschrift deutlich, dass Gott entweder doch nicht alles weiß oder aber strafrechtliche Immunität besitzt. Jeder Schwörer eines Meineides mit religiöser Beteuerung hat sich schließlich von Gott helfen lassen, aber noch nie ist Gott wegen Beihilfe zum Meineid bestraft worden.
Wenn Sie also vor Gericht etwas sagen, *dann* bitte die Wahrheit. Das heißt aber noch lange nicht, *dass* Sie vor Gericht überhaupt etwas sagen müssen.

Schweigen vor Gericht

Sie können vor Gericht nämlich auch einfach nur schweigen. Und zwar immer dann,

- wenn Sie mit dem Angeklagten verwandt oder verschwägert sind. Dann haben Sie ein Zeugnisverweigerungsrecht nach § 52 StPO.
- wenn Sie beruflich der Schweigepflicht unterliegen, weil Sie zum Beispiel Pfarrer, Anwalt oder Arzt sind. Dann haben Sie ein Zeugnisverweigerungsrecht nach § 53 StPO.
- wenn Sie sich durch eine Aussage selbst belasten würden. Dann können Sie nach § 55 StPO von Ihrem sogenannten Aussageverweigerungsrecht Gebrauch machen.

Vor Gericht sagen Sie also

- nichts als die Wahrheit oder
- nichts statt der Wahrheit.

Und genau hier kommt der Anwalt im Strafprozess ins Spiel: Er weiß – im Idealfall –, *ob* Sie etwas sagen müssen, er weiß, *wie* Sie es sagen müssen, und in der Regel sagt er es für Sie. Frei nach dem Motto: Wenn der Mandant nichts sagt, kann er sich auch nicht weiter reinreiten. Man kann das auch anders formulieren: Wenn der Mandant schon bis zum Hals in der Gülle steckt, wird jedes Wort nur unnötige Wellen schlagen.

Klugscheißerwissen, das Sie in jede Diskussion zum Thema Lügen vor Gericht einwerfen sollten

Falsche uneidliche Aussage
Wenn Sie vor Gericht lügen, ohne vorher geschworen zu haben, die Wahrheit zu sagen, können Sie mit einer Freiheitsstrafe von drei Monaten bis zu fünf Jahren bestraft werden.

Meineid
Wenn Sie vor Gericht lügen und geschworen haben, die Wahrheit zu sagen, dann gibt es mindestens ein Jahr Freiheitsstrafe.

Zeugnisverweigerungsrecht
Wenn Sie mit dem Angeklagten verwandt oder verschwägert sind oder aus beruflichen Gründen der Schweigepflicht unterliegen, dann müssen Sie vor Gericht nicht aussagen.

Auskunftsverweigerungsrecht
Wenn Sie sich durch eine Aussage selbst belasten würden, können Sie beruhigt den Mund halten.

Lügen über andere

Kurzzusammenfassung aller Regeln

§ 1 Eine Auseinandersetzung in der Sache ist von der Meinungsfreiheit gedeckt.

§ 2 Die Herabsetzung einer Person ist nicht von der Meinungsfreiheit gedeckt.

§ 3 Je ekelhafter ein Mitmensch ist, umso charmanter sollte man dessen Defizite also sprachlich umschreiben.

Das unwahre Trio

Es gibt im Strafrecht das lustige Trio Beleidigung (§ 185 StGB), übler Nachrede (§ 186 StGB) und Verleumdung (§ 187 StGB). Alle drei haben irgendwie damit zu tun, dass etwas über einen Mensch gesagt wird, was diesem nicht gefällt.

§ 185 Beleidigung

Die Beleidigung wird mit Freiheitsstrafe bis zu einem Jahr oder mit Geldstrafe und, wenn die Beleidigung mittels einer Tätlichkeit begangen wird, mit Freiheitsstrafe bis zu zwei Jahren oder mit Geldstrafe bestraft.

§ 186 Üble Nachrede

Wer in Beziehung auf einen anderen eine Tatsache behauptet oder verbreitet, welche denselben verächtlich zu machen oder in der öffentlichen Meinung herabzuwürdigen geeignet ist, wird, wenn nicht diese Tatsache erweislich wahr ist, mit Freiheitsstrafe bis zu einem Jahr oder mit Geldstrafe und, wenn die Tat öffentlich oder durch Verbreiten von Schriften (§ 11 Abs. 3) begangen ist, mit Freiheitsstrafe bis zu zwei Jahren oder mit Geldstrafe bestraft.

§ 187 Verleumdung

Wer wider besseres Wissen in Beziehung auf einen anderen eine unwahre Tatsache behauptet oder verbreitet, welche denselben verächtlich zu machen oder in der öffentlichen Meinung herabzuwürdigen oder dessen Kredit zu gefährden geeignet ist, wird mit Freiheitsstrafe bis zu zwei Jahren oder mit Geldstrafe und, wenn die Tat öffentlich, in einer Versammlung oder durch Verbreiten von Schriften (§ 11 Abs. 3) begangen ist, mit Freiheitsstrafe bis zu fünf Jahren oder mit Geldstrafe bestraft.

Allen dreien gemeinsam ist die Tatsache, dass jemand in drastischen Worten etwas mehr oder minder Zutreffendes über einen anderen erzählt. Alle drei unterscheiden sich durch das dem Betroffenen zugewandte Körperteil. Sagt man jemandem etwas direkt ins Gesicht, kann das eine Beleidigung sein. Sagt man etwas hinter dem Rücken dieses Jemand, kann das eine üble Nachrede oder eine Verleumdung sein. Üble Nachrede und Verleumdung unterscheiden sich ferner durch den Wahrheitsgehalt der drastischen Worte. Wenn ich weiß, dass das, was ich sage, inhaltlich falsch ist, begehe ich eine Verleumdung. Wenn nicht, dann immerhin eine üble Nachrede.
Entscheidend ist die Absicht, jemand anderen herabzusetzen.

- »Meier, du bist ein Vollidiot.«
- »Ich meine, Meier ist ein Vollidiot.«
- »Glaubt hier irgendwer, dass Meier kein Vollidiot ist?«
- »Meier, ich hoffe stark, dass dich nicht jemand anderes als Vollidiot bezeichnet.«

Diese Sätze haben alle den gleichen Kern: Meier ist ein Vollidiot. Jemanden als Vollidioten zu bezeichnen ist leider strafbar. Selbst, wenn er wirklich ein Vollidiot ist.

Beleidigungskundgaben und Beileidsbekundungen müssen einander nicht ausschließen.

Beispielfall: E-Mail gegen dich

Die Versicherungssachbearbeiterin Steffi (S) hält ihren Abteilungsleiter (A) für einen ungewaschenen Menschen, der nicht sonderlich intelligent ist und seine sexuellen Bedürfnisse vorwiegend selber befriedigt.

Um reinen Tisch zu machen, schreibt sie ihm kurzerhand eine persönliche E-Mail (also A ins Gesicht), in der sie ihm mitteilt, er sei ein »dreckiger, dummer Wichser«. Diese E-Mail geht in Blindkopie (also hinter As Rücken) an weltweit alle 225 000 anderen Mitarbeiter des Versicherungskonzerns.

Die für S zuständige Personalsachbearbeiterin (P) bittet um anwaltlichen Rat, ob sie als Kündigungsgrund für S nun Beleidigung, üble Nachrede, Verleumdung oder einfach nur Blödheit ankreuzen soll.

Sie fragt sich vor allem, ob es eine Rolle spielt, ob A tatsächlich unhygienisch, grenzdebil und sexuell oft solitär aktiv ist.

Die Beleidigung

Die Beleidigung ist im Gesetz nicht näher definiert. Für den Bundesgerichtshof ist sie aber der Angriff auf die Ehre einer anderen Person durch Kundgabe ihrer Missachtung und kann mit einer Freiheitsstrafe von bis zu zwei Jahren oder mit Geldstrafe bestraft werden.

Sein Gegenüber als »dreckigen, dummen Wichser« zu bezeichnen ist schon von der Wortwahl her durchaus eine Missachtungskundgabe – völlig unabhängig davon, ob das sachlich richtig ist oder nicht. Würde A – entgegen der E-Mail von S – in Wahrheit unter Waschzwang leiden, einen Doktor in Atomphysik haben und seit einer Mumps-Erkrankung impotent sein, wäre diese Missachtungskundgabe schon aufgrund der sachlichen Abweichungen vom Ist-Zustand des A beleidigend.

Wenn A hingegen wirklich ungewaschen, geistig einfach gestrickt und ein Freund einsamer sexueller Handlungen sein würde, dann hätte S es auch genauso sachlich formulieren können, um wenigstens mit einem Bein im Grenzbereich der Tatsachenbehauptung zu stehen. Das hat sie aber nicht. So oder so hat S den A beleidigt.

Die üble Nachrede

Die üble Nachrede unterscheidet sich von der Beleidigung dadurch, dass man hinter dem Rücken des Betroffenen eine Tatsache über diesen behauptet, die diesen dumm dastehen lässt und die – das ist wichtig – nicht erweislich wahr ist. Der Täter weiß also nicht, ob die Behauptung wahr ist oder nicht. Dafür gibt es ebenfalls bis zu zwei Jahre Freiheitsstrafe oder eine Geldstrafe.

Wenn S vor 225 000 Firmenkollegen mehr oder minder heimlich behauptet, A sei dreckig, stupide und betreibe Selbstbefriedigung als Freizeitsport, so ist dies eine den A dumm dastehen lassende Tatsachenbehauptung. Allerdings ist es für die üble Nachrede nun von Belang, ob diese Behauptung wahr ist oder nicht. Und hier wäre S beweispflichtig. Sofern S diesen Beweis nicht erbringen kann, hat sie eine üble Nachrede zu Lasten des A begangen – es sei denn, sie war sogar noch böser …

Die Verleumdung

Noch böser als die üble Nachrede ist die Verleumdung. Die Verleumdung ist im Grunde eine üble Nachrede, bei welcher der Täter ganz genau weiß, dass das, was er sagt, falsch ist – also üble Nachrede mit einer bewussten Lüge. Das wird deshalb auch höher, nämlich mit bis zu fünf Jahren Freiheitsstrafe oder mit Geldstrafe bestraft.
Wenn S also genau wusste, dass ihr Abteilungsleiter ein aseptisch gepflegter Doktor der Atomphysik ohne sexuelle Fähigkeiten ist, dann hat sie eine Verleumdung begangen. Wusste sie es nicht, bleibt es bei der üblen Nachrede und der Beleidigung.

Die Blödheit

Blödheit ist weder strafbar noch ein Kündigungsgrund. Wie die Lüge ist die Blödheit in vielen Berufen sogar Karrierevoraussetzung.

Klugscheißerwissen, das Sie in jede Diskussion zum Thema Lügen über andere einwerfen sollten

Beleidigung
Jemandem etwas Herabwürdigendes ins Gesicht sagen.

Üble Nachrede
Hinter dem Rücken des Betreffenden etwas Herabwürdigendes über ihn sagen, ohne zu wissen, ob es stimmt.

Verleumdung
Hinter dem Rücken des Betreffenden etwas Herabwürdigendes über ihn sagen, obwohl man weiß, dass es nicht stimmt.

Lügen gegenüber der Polizei

Kurzzusammenfassung aller Regeln

§ 1 Sie sind gegenüber der Polizei nie zu irgendeiner Aussage verpflichtet.

§ 2 Alles, was die Polizei von Ihnen verlangen kann, sind Ihre Personalien.

Herr Wachtmeister, was soll ich sagen?

Die häufigste Lüge in Bezug auf die Wahrheit ist die, man müsse bei der Polizei die Wahrheit sagen. Das ist völliger Humbug. Und zwar insofern, als Sie gegenüber der Polizei überhaupt nichts sagen müssen. Sie sind schlicht zu keiner Aussage verpflichtet.

Alles, was Sie der Polizei angeben müssen, sind Ihre Personalien, und auch nur dann, wenn dazu ein Grund besteht: Wenn Sie verdächtigt werden, eine Straftat begangen zu haben, oder wenn die Polizei glaubt, dass Sie als Zeuge zur Aufklärung einer Straftat beitragen können.

Was sind Personalien?

Personalien sind die Angaben, die man braucht, um Ihnen eine Geburtstagskarte in Ihr Heimatland zu schicken: also Name, Geburtsdatum, Adresse und Ihre Staatsangehörigkeit.

Personalien sind nicht Familienstand, Beruf oder Einkommen.

Sagen Sie gegenüber der Polizei also maximal »Mein Name ist Hase, ich bin deutscher Staatsangehöriger, wohne 52° 31' 12" nördlicher Breite und 13° 22' 10" östlicher Länge und bin 35 Jahre, 7 Monate und 8 Tage alt.« Sofern Ihr Name auch wirklich Hase ist und die restlichen Angaben stimmen, kann die Polizei mit diesen Angaben Ihren Wohnort und Ihr Geburtsdatum errechnen. Seien Sie aber nicht verwundert, wenn Sie bis zum Ende der Berechnungen keinen Kaffee angeboten bekommen und anschließend erklären dürfen, warum Sie das Bundeskanzleramt als Wohnsitz angegeben haben.

Wenn diese Angaben tatsächlich stimmen – der beste Beweis ist die Vorlage des Personalausweises –, können Sie gegenüber der Polizei ansonsten mit völlig ruhigem Gewissen schweigen.

Wenn Sie Ihre Personalien nicht nennen oder wenn Zweifel daran bestehen, ob Ihre Angaben stimmen, und diese nicht belegbar sind, nur dann kann die Polizei Sie zur Identitätsfeststellung mit auf das Revier nehmen, Sie dort durchsuchen und anfangen zu recherchieren, wer Sie tatsächlich sind.

Das wollen Sie nicht. Das will die Polizei nicht. Und am Ende kommt eh raus, wer Sie sind, da selbst der Polizist über maximal sechs Personen auf Facebook mit Ihnen verlinkt ist. Also: Sagen Sie der Polizei einfach, wer Sie sind, dann haben alle früher Feierabend. Mehr müssen Sie allerdings nicht tun.

Schriftliche Ladung zur Vernehmung

Auch wenn Sie noch so oft schriftlich zu einer Vernehmung auf das Präsidium geladen werden: Sie müssen dort schlicht und ergreifend nicht hingehen. Es hat keinerlei Konsequenzen. Egal, ob Sie als Zeuge oder als Beschuldigter vernommen werden sollen: Gegenüber der Polizei inhaltlich nichts zu sagen kann und darf nicht gegen Sie verwendet werden. Im Gegenteil: Jedes Wort, mit dem Sie einen Vorwurf gegen sich selbst entkräften, kann einen anderen Vorwurf begründen.

Nur gegenüber der Staatsanwaltschaft und dem Gericht müssen Sie aussagen. Werden Sie von der Staatsanwaltschaft oder vom Gericht als Zeuge oder als Beschuldigter zu einem Termin geladen und erscheinen dort nicht, könnten Sie notfalls sogar mit Polizeigewalt zum nächsten Termin dorthin eskortiert werden.

Das wollen Sie nicht. Das will die Polizei nicht. Das wollen Staatsanwalt und Gericht nicht. Also: Den Termin bei der Staatsanwaltschaft oder bei Gericht halten Sie sich bitte frei und selbigen dann ein. Und gehen Sie dort mit einem Anwalt hin – völlig egal, ob Sie schuldig sind oder nicht.

Aus der Ladung zu einer Beschuldigtenvernehmung bei der Polizei hingegen können Sie getrost einen Papierkranich basteln. Eine schöne Anleitung dazu (mit Video) gibt es unter http://de.wikihow.com/Einen-Papier-Kranich-falten.

Behauptet ein Polizist Ihnen gegenüber das Gegenteil, dann lügt er. Und das darf wiederum der Polizist nicht. Bringt er Sie damit dazu, doch etwas zu sagen, obwohl Sie das gar nicht wollen, dann kann diese Behauptung sogar unter Umständen als Täuschung angesehen werden. Mit der Folge, dass Ihre gesamte Aussage nicht verwertet werden darf (§ 136a StPO).

Klugscheißerwissen, das Sie in jede Diskussion zum Thema Lügen gegenüber der Polizei einwerfen sollten

Personalien

Angaben bezüglich Name, Adresse, Geburtsdatum, Staatsangehörigkeit müssen gegenüber der Polizei gemacht werden, wenn Sie als Beschuldigter oder Zeuge einer Straftat in Betracht kommen.

Polizeiliche Beschuldigtenvernehmung

Dazu müssen Sie nicht erscheinen! Wollen Sie das trotzdem, sollte Ihr Anwalt *vorher* Akteneinsicht beantragen. Zum Erscheinen verpflichtet sind Sie nur gegenüber Staatsanwaltschaft und Gericht.

Lügen in der Geschäftswelt

Kurzzusammenfassung aller Regeln

§ 1 Wer in der Geschäftswelt nicht lügt, ist kein guter Geschäftsmann.

§ 2 Wer sich in der Geschäftswelt beim Lügen erwischen lässt, ist ein schlechter Geschäftsmann.

Wirtschaftlich sinnvolles Lügen

Lügen ist immer dann sinnvoll, wenn es ums Geld geht – sprich: wenn ein Vertrag abgeschlossen werden soll. Die Wahrheit über das zu sagen, was man einem Kunden gerade andrehen will, wäre in der Regel ein ernüchterndes Verkaufshindernis. Zu diesem Thema gibt es im Rechtsstaat deshalb ein sehr schönes Geschwisterpaar. Der Bruder – der Betrug – wohnt im Strafrecht. Seine zivilrechtliche Schwester ist die Anfechtung.

§ 263 StGB Betrug

Wer in der Absicht, sich oder einem Dritten einen rechtswidrigen Vermögensvorteil zu verschaffen, das Vermögen eines anderen dadurch beschädigt, dass er durch Vorspiegelung falscher oder durch Entstellung oder Unterdrückung wahrer Tatsachen einen Irrtum erregt oder unterhält, wird mit Freiheitsstrafe bis zu fünf Jahren oder mit Geldstrafe bestraft.

Merken Sie was? Richtig – das ist ziemlich exakt die Stellenbeschreibung im Arbeitsvertrag Ihres Bankberaters oder Handyverkäufers. Zwei Berufsbilder, die sich ohnehin ziemlich ähnlich sind – nur dass der Mitarbeiter im Handyshop in der

Regel mehr Umlaute im Nachnamen hat als der Bankangestellte.
Allerdings lügen die beiden in der Regel im Kern nur bezüglich der Behauptung, dass Sie die Produkte, die sie verkaufen, ganz dringend brauchen. Eine solche Lüge ist erlaubt. Darauf basiert unser ganzes Wirtschaftssystem.

Ihr Bankberater oder der Handyverkäufer macht sich deshalb nicht strafbar, solange der Humbug, den Sie von den beiden kaufen, lediglich völlig überteuert und absolut überflüssig ist. Solange der Humbug genau die Humbug-Eigenschaften hat, derentwegen Sie den Humbug unbedingt haben wollen, sind Sie lediglich erfolgreich verarscht, nicht aber im strafrechtlichen Sinne betrogen worden.

Beispielfall: Das mentale Funkloch

Die 18-jährige Abendrealschulabbrecherin Cheyenne (C) macht gerade eine Umschulung zur Nageldesignerin und will von ihrem ersten eigenen Kredit unbedingt ein drittes Handy erwerben. Sie geht in das Mobilfunkfachgeschäft ihrer Wahl und lässt sich vom freundlichen Verkäufer Ülmet-Günther (Ü) beraten. Sie entschließt sich zum Abschluss eines Mobilfunkvertrages folgenden Inhaltes: Für einmalig 555 Euro und nur 19,99 Euro/Monat in den nächsten 24 Monaten bekommt Cheyenne

- *ein unsichtbares iPhone aus purem Rotgold, welches sie als einmaliges Vorführungsstück direkt aus dem Laden mitnehmen kann*
- *inkl. Allnet-Flat*

- *inkl. Internet-Flat*
- *inkl. SMS-Flat*

Um den Vertrag formell genauso seriös abzuschließen, wie er inhaltlich zu sein scheint, schreibt Ü die Eckdaten auf eine Serviette und gibt sie C mit. Den ausführlichen Vertrag schickt er ihr per SMS auf ihr unsichtbares Handy.

Nach zwei Monaten – und damit 594,98 Euro später – beschleicht Cheyenne das komische Gefühl, mit dem unsichtbaren Handy sei irgendetwas nicht in Ordnung. Und tatsächlich, ihre beste Freundin, Modeschmuck-Verkäuferin Peggy (P), die bei Ü den gleichen Vertrag über ein unsichtbares Samsung Galaxy abgeschlossen hat, legt beide Handys nebeneinander und stellt fest: Das unsichtbare Handy von C ist gar nicht aus unsichtbarem Rotgold, sondern bestenfalls aus unsichtbarem Kupfer.

Was nun?

Ziemlich offensichtlich hat Ü hier einen Betrug begangen. Er hat C dreist vorgelogen, ihr unsichtbares Handy sei aus unsichtbarem Rotgold, dabei war es nur aus unsichtbarem Kupfer.
Und an dieser Stelle wird deutlich, dass Strafrecht und Zivilrecht zwei Paar Schuhe sind: Dass der Staat der Ansicht ist, ein Betrüger wie Ü gehört bestraft, ist das eine. Dass C mit einem Betrüger einen wirksamen Vertrag geschlossen hat, ist das andere.
Selbst wenn der Betrüger für seinen Betrug strafrechtlich verurteilt wird und in den Knast kommt, beendet das nicht die zivilrechtlich bestehende Vertragsverbindung. Hier kommt die zivilrechtliche Schwester des Betruges ins Spiel: die Anfechtung wegen Täuschung (§ 123 BGB).

§ 123 Anfechtbarkeit wegen Täuschung oder Drohung

(1) Wer zur Abgabe einer Willenserklärung durch arglistige Täuschung oder widerrechtlich durch Drohung bestimmt worden ist, kann die Erklärung anfechten.

Wenn C von Ü angelogen worden ist, um einen Vertrag zu schließen, kann sie ihr Einverständnis zu diesem Vertrag wieder zurücknehmen, sprich: anfechten. Und zwar ein Jahr lang von dem Zeitpunkt an, an dem sie von der Lüge erfahren hat. Spätestens allerdings zehn Jahre nach der Lüge. Die durchschnittliche Lebensdauer eines Handyshops liegt in der Regel darunter.

Hätte C gewusst, dass das unsichtbare Handy bloß aus Kupfer ist, hätte sie den ganzen Vertrag nicht abgeschlossen. Ihr kam es aus Statusgründen ja gerade darauf an, ein Handy aus unsichtbarem Rotgold zu haben.

Anfechten ist denkbar einfach: C muss ihrem Vertragspartner (im Zweifel der Telefonanbieter, für den Ü den Vertrag abgeschlossen

Ein Handy aus unsichtbarem Kupfer (links) und ein Handy aus unsichtbarem Rotgold (rechts) sind auf den ersten Blick kaum voneinander zu unterscheiden.

hat) einfach formlos schriftlich mitteilen, dass sie den Vertrag nur aufgrund einer Täuschung abgeschlossen hat. Dafür reicht ein Dreizeiler wie

»Hiermit fechte ich den am xx zwischen Ihnen und mir geschlossenen Vertrag an. Ihr Vertreter Ü hat mich darüber getäuscht, dass das mir ausgehändigte, unsichtbare Vorführmodel nicht aus Rotgold, sondern bloß aus Kupfer besteht. Mit dieser Anfechtung ist der Vertrag von Anfang an nichtig, alle bereits gezahlten Raten sind zurückzuzahlen, alle erteilten Einzugsermächtigungen widerrufe ich hiermit.«

Damit ist der Vertrag vom Tisch. Und erst wenn der Vertrag vom Tisch ist, haben Sie einen sogenannten Herausgabeanspruch bezüglich der gezahlten Gelder. Diese sind dann nämlich ohne Rechtsgrund gezahlt und müssen nach § 812 BGB zurückgezahlt werden.

§ 812 Herausgabeanspruch

Wer durch die Leistung eines anderen oder in sonstiger Weise auf dessen Kosten etwas ohne rechtlichen Grund erlangt, ist ihm zur Herausgabe verpflichtet. Diese Verpflichtung besteht auch dann, wenn der rechtliche Grund später wegfällt oder der mit einer Leistung nach dem Inhalt des Rechtsgeschäfts bezweckte Erfolg nicht eintritt.

Fordern Sie mit der Anfechtung immer auch aufgrund des Vertrages bislang gezahlte Gelder zurück, und widerrufen Sie etwaig

erteilte Einzugsermächtigungen. Wenn sich die ehemaligen Vertragsparteien nicht darüber einigen können, wer von wem jetzt noch Geld bekommt, dann muss das Geld notfalls bei Gericht eingeklagt werden.
Die beiden entscheidenden Fragen bei der Anfechtung sind

1. ob Sie beweisen können, dass Sie belogen worden sind, und
2. ob diese Lüge ausschlaggebend dafür war, den Vertrag abzuschließen.

Eine strafrechtliche Verurteilung wegen Betruges ist da ein ganz guter Ansatz, um zunächst einmal die Lüge zu beweisen. Allerdings muss diese Lüge ursächlich für ihre Zustimmung zum Vertrag gewesen sein. Wenn Sie Ihre Zustimmung zum Handyvertrag nur deswegen gegeben haben, weil Ihnen dafür ein unsichtbares goldenes iPhone versprochen worden ist, dann war dieses Versprechen ursächlich für den Vertragsschluss.
In einem Prozess wird entscheidend sein, ob C die Lüge des Handyverkäufers Ü beweisen kann oder nicht. Sofern C ihren schriftlichen Servietten-Vertrag behalten hat, wird ihr das gelingen. Deshalb: Lassen Sie sich jedes Versprechen eines Vertragspartners immer schriftlich geben. Vor allem, wenn es um unsichtbare rotgoldene iPhones geht. Manche Lügen wirken auf dem Papier einfach noch absurder als mündlich.

Klugscheißerwissen, das Sie in jede Diskussion zum Thema Lügen in der Geschäftswelt einwerfen sollten

Betrug

Wer einen anderen uncharmant und dreist anlügt, einzig und allein, um ihn zu täuschen und widerrechtlich an dessen Geld zu kommen, wird eventuell dann doch irgendwann einmal bestraft.

Anfechtung

Wenn Ihr Vertragspartner wegen Betruges bestraft wurde, ist noch lange nicht der mit ihm geschlossene Vertrag vom Tisch. Dieser Vertrag muss erst noch wegen Täuschung angefochten werden.

Herausgabeanspruch

Ist der Vertrag erst einmal durch Anfechtung vom Tisch, haben Sie gegen den Betrüger einen Herausgabeanspruch bezüglich des gezahlten Geldes.

Die Lüge beim Vorstellungsgespräch

Kurzzusammenfassung aller Regeln

§ 1 Es gibt in Vorstellungsgesprächen keine falschen Antworten, sondern nur falsche Fragen.

§ 2 Auf falsche Fragen dürfen Sie sogar mit einer echten Lüge antworten.

§ 3 Bei zu vielen falschen Fragen könnte es sich allerdings auch um den falschen Job handeln.

Die Arbeit

Das Leben im Rechtsstaat basiert auf der Vorstellung, dass sich die Menschen ihren Lebensunterhalt selbst durch Arbeit verdienen.
Von diesem Verdienst werden Steuern und Sozialabgaben bezahlt, damit emotional verarmte, geistig benachteiligte oder einfach nur kranke Elemente außerhalb der normalen Gesellschaft unterstützt werden können, die sich ihr Geld nicht durch Arbeit verdienen wollen. Banken zum Beispiel.
Den Rest des Einkommens können Sie dazu verwenden, um Ihrem Vermieter zu helfen, den Hauskredit abzubezahlen, um Ihren eigenen Hauskredit abzubezahlen, um Ihr Auto abzubezahlen oder um es auf die Bank zu bringen. Arbeit und Einkommen helfen also in jedem Fall den Banken und sind damit systemrelevant.
Da die Arbeit im Rechtsstaat so wichtig ist, haben Sie als Arbeitnehmer ziemlich viele Rechte. Und zwar schon bevor Sie den Job, den Sie gerne hätten, überhaupt bekommen. Sie haben bereits beim Vorstellungsgespräch Rechte. Und zwar vor allem das Recht auf Lüge. Sie müssen im Vorstellungsgespräch nicht stoisch die Wahrheit sagen.
Juristisch formuliert, entspringt dieses Recht auf Lüge Ihrem Recht auf informationelle Selbstbestimmung, enthalten im allgemeinen Persönlichkeitsrecht aus Art. 2 I GG. Umgangssprachlich

formuliert, lautet dieses Recht schlicht: »Das geht Sie gar nichts an.« Im Vorstellungsgespräch kollidiert dieses Recht mit dem Recht des Arbeitgebers, sich selber auszusuchen, wem er Geld gibt. Dazu muss er wissen, mit wem er es zu tun hat.

Um beiden Rechten gerecht zu werden, hat sich eine schöne Systematik bei Vorstellungsgesprächen entwickelt. Es gibt berechtigte Fragen, die darf ein zukünftiger Arbeitgeber stellen. Das sind alle Fragen danach, ob Sie für den Job geeignet sind.

Und es gibt unberechtigte Fragen, die darf ein zukünftiger Arbeitgeber nicht stellen. Das sind alle Fragen, die mit Ihrer Eignung für den Job nichts zu tun haben, zum Beispiel Fragen nach

- sexuellen Neigungen
- Gewerkschafts- oder Parteizugehörigkeit
- dem Kündigungsgrund der vorigen Stelle
- früheren, auskurierten Krankheiten
- der Familienplanung
- einer Schwangerschaft
- der Religionszugehörigkeit *(außer bei einem kirchlichen Arbeitgeber)*
- Vorstrafen, die keinen Bezug zum angestrebten Job haben*

Als berechtigte Fragen bleiben damit im Grund nur noch übrig:

- Wollen Sie einen Kaffee?
- Können Sie den Job?

---

* Eine Vorstrafe wegen Betruges oder Untreue ist für eine Arbeit in der Buchhaltung relevant. Eine Vorstrafe wegen Trunkenheit im Verkehr berechtigt für keine Einstellung als Fahrer.

Berechtigte Fragen müssen Sie wahrheitsgemäß beantworten. Tun Sie dies nicht und bekommen den Job, dann kann Ihr Arbeitgeber seine Zustimmung zum Arbeitsvertrag im Nachhinein anfechten. Das bedeutet, dass der Arbeitsvertrag als von Beginn an unwirksam gilt und das erhaltene Gehalt – mehr oder weniger – zurückgezahlt werden muss.

Unberechtigte Fragen müssen Sie überhaupt nicht beantworten. Wenn Sie das Ihrem Arbeitgeber im Vorstellungsgespräch genau so sagen, wird das Gespräch sich ab diesem Punkt recht zügig seinem Ende nähern. Um das zu vermeiden, können Sie auf unberechtigte Fragen hin auch gerne lügen. Gönnen Sie sich aber in dem einen oder anderen Vorstellungsgespräch ruhig die Erfahrung, einmal offen Ihre Meinung zu Fragen zu sagen, die einen Arbeitgeber, den Sie bis auf das Gehalt gar nicht mögen, nichts angehen. Dabei müssen Sie kein schlechtes Gewissen haben. Ihr zukünftiger Arbeitgeber hat dies ja auch nicht, wenn er Ihnen von den flachen Strukturen, der Work-Life-Balance und seiner immer offenen Tür vorlügt.

Umgekehrt wird in jedem Vorstellungsgespräch der Punkt kommen, an dem man Sie fragt: »Haben Sie noch Fragen?«

Wenn Sie Ihren Arbeitgeber in spe jetzt nach seinen sexuellen Neigungen fragen, erwarten Sie bitte ebenfalls keine korrekte Antwort. Und kein zweites Vorstellungsgespräch.

Spätestens wenn der Arbeitgeber Sie fragt, ob Sie Ihre Eierstöcke gerne auf Firmenkosten im Tiefkühlfach der Teeküche lagern möchten, sollten Sie sich aber selbst die Frage stellen, ob Langzeitarbeitslosigkeit nicht die erfreulichere Alternative zu einem solchen Arbeitsverhältnis ist.

Klugscheißerwissen, das Sie in jede Diskussion zum Thema Lügen im Vorstellungsgespräch einwerfen sollten

Berechtigte Fragen

Alle Fragen, die mit Ihrer Qualifikation für den Job an sich zu tun haben. Diese sollten Sie wahrheitsgemäß beantworten.

Unberechtigte Fragen

Alle Fragen, die nichts mit Ihrer Qualifikation für den Job an sich zu tun haben. Auf diese dürfen Sie getrost mit einer Lüge antworten.

Die Ehe

Kurzzusammenfassung aller Regeln

§ 1 Eine Ehe kann das schönste Abenteuer des Lebens sein.
§ 2 Sollte dem nicht so sein, hilft einem § 1 alleine nicht weiter.
§ 3 Ehe Mann oder ehe Frau gar nichts mehr im Leben werden, können sie immer noch Ehemann oder Ehefrau werden.
§ 4 Das Eingehen der Ehe ist an so gut wie keinerlei charakterliche Voraussetzungen geknüpft.
§ 5 Aus exakt diesem Grunde scheitert fast jede zweite Ehe.

Der Hafen der Ehe

Unser Rechtsstaat ist ein wunderbarer Ort der Freiheit. Sie haben das Recht auf freie Entfaltung der Persönlichkeit, Redefreiheit, Reisefreiheit, Demonstrationsfreiheit ... das kann einem mitunter fast schon zu viel werden. Wenn Sie einmal Lust haben, all die Freiheit, die Ihnen der gesamte Rechtsstaat ermöglicht, einzutauschen gegen die Freiheiten, die Ihnen ein einzelner Partner erlaubt, dann gibt es dafür einen wunderbaren Ort: den Hafen der Ehe.*

Eine Ehe kann wunderwunderschön sein. Und wenn dieses Kapitel im Drehbuch eines ZDF-Sonntagabend-Cornwall-Films stehen würde, wäre es damit auch beendet. Dieses Kapitel steht aber in einem juristischen Sachbuch, weswegen wir noch auf ein paar Details der Ehe eingehen. Um die Romantik zu wahren, bleiben wir jedoch bildlich einfach in der ländlichen Landschaft Cornwalls und betrachten den dortigen Hafen der Ehe einmal genauer. Bei der Ehe handelt es sich um einen sogenannten Freihafen.

Er ist vor allem frei von vielen Freiheiten. Eingemauert durch familienrechtliche Vorschriften, liegt das Hafenbecken geschützt

* Die Formulierung »Hafen der Ehe« ist kein juristischer Begriff, sondern ein Marketing-Gag. Es klingt einfach wesentlich besser als »Plattenbau der Liebe« oder »Einbahnstraße der Romantik«.

vor den wilden Stürmen, die draußen in der Single-Gesellschaft toben. Hier kann die Romantik zwischen Ihnen und Ihrem Partner in aller Ruhe baden gehen.
In der Idealvorstellung gewährt ein Hafen Schutz und ist pittoresk, hier kreischen die Möwen. In der Realität wird in einem Hafen allerdings genauso oft brüllendes Schlachtvieh verladen.

Der Hafen der Ehe: Idealvorstellung und Alltag klaffen manchmal auseinander.

Der Hafen der Ehe funktioniert im Grunde wie ein ganz normaler Hafen. Er wird von den meisten Leuten nicht für immer, sondern lediglich auf Zeit angesteuert. Kommt man von See, ist man im Hafen auf Dauer unterfordert und arbeitslos. Kommt man von Land, geht auch der schönste Urlaub am Meer irgendwann zu Ende.

Warum heiraten?

Es gibt derzeit 145 Gründe, die für das Heiraten sprechen. Nach derzeitigem Gebührenstand der Deutschen Post sparen verheiratete Paare nämlich Briefmarken im Wert von exakt 145 Cent, wenn sie ihre Steuererklärung gemeinsam in einem Umschlag ans Finanzamt schicken und nicht, wie unverheiratete Paare, in zweien.

Neben diesen enormen finanziellen Vorteilen einer Ehe gibt es auch ein paar faktische: Sie sparen sich durch die Eheurkunde das Ausfüllen von mindestens vier Dokumenten für die vier TKKG-Schicksalsschläge. Dabei steht die Abkürzung TKKG nicht für Tarzan, Karl, Klößchen und Gaby aus der gleichnamigen Kinderserie, sondern für

- Tod
- Krankheit
- Kinder
- Getrenntsein

Tod

Verheiratete Paare haben gesetzliche Erbansprüche auf das Vermögen des verstorbenen Partners. Sie erben automatisch. Unverheiratete tun das nicht. Wenn Ihr Partner nach 40 Jahren glücklichster Beziehung stirbt, können Sie ohne Trauschein nach der Beerdigung gleich das Umzugsunternehmen bestellen, wenn die Kinder aus erster Ehe Sie aus dem nun den Kindern gehörenden Haus des verstorbenen Partners rauswerfen wollen.

Den erbrechtlichen Schutz der Eheurkunde erreichen unverheiratete Paare hier durch die Errichtung eines Testamentes.

Allerdings schlägt bei unverheirateten Paaren im Falle einer Erbschaft auch das Finanzamt zu: Die Erbfreibeträge für überlebende Ehegatten sind ungleich höher als die für unverheiratete Hinterbliebene.

Krankheit

Wenn Sie verheiratet sind, sind Sie nicht nur berechtigt, Ihren kranken Partner beim Leiden im Krankenhaus zu trösten. Sie dürfen auch in seinem Sinne wichtige Entscheidungen über die Behandlung treffen oder über andere alltägliche Dinge bestimmen. Als unverheirateter Partner haben Sie diese Rechte nicht. Um im tragischen Fall, dass Ihr Partner für kurz oder auch für länger keine eigenen Entscheidungen treffen kann, nicht wie jede andere dritte Person handlungsunfähig zu sein, sollten unverheiratete Paare in jedem Fall eine sogenannte Patientenverfügung ausfüllen. Vordrucke dafür finden Sie im Internet: Gehen Sie einfach an den Seiten für Trauringe, Hochzeitstorten und Traumreisen für Jungvermählte vorbei, bis Sie sich auf den romantikfreien Seiten des tatsächlichen Lebens befinden.

Kinder

Vor dem Gesetz ist derjenige der juristische Vater des Kindes, der zum Zeitpunkt der Geburt mit der Mutter verheiratet war. Bis zu zehn Prozent der Kinder in Deutschland haben deswegen zwei Väter: den juristischen, der morgens das Haus verlässt und zur Arbeit geht. Und den biologischen, mit dem Mama in der Zwischenzeit Tennis und anderes spielt. Als verheiratetes Paar haben aber die Mutter und der juristische Vater automatisch das gemeinsame Sorgerecht für das dabei entstandene Kind.

Bei unverheirateten Paaren hat das alleinige Sorgerecht zunächst einmal automatisch nur die Mutter. Ledige Mütter und Väter können diesen Zustand dadurch beenden, indem sie zunächst gemeinsam die (juristische) Vaterschaft anerkennen lassen

und anschließend eine gemeinsame Sorgerechtsvereinbarung treffen.
Das sollten Sie, geehrter Vater, besser tun, solange die Beziehung noch intakt ist. Nach einem eskalierten Streit ist es tendenziell eher schwierig, Ihre Partnerin davon zu überzeugen, diese Machtposition über das gemeinsame Kind freiwillig aufzugeben.

Getrenntsein

Trennen sich verheiratete Partner, dann müssen sie vor der Scheidung ein sogenanntes Trennungsjahr einhalten. In diesem Trennungsjahr hat der finanziell bedürftigere Partner Anspruch auf Trennungsunterhalt. Unverheiratete Paare müssen, um diesen Zustand zu erreichen, kein Formular ausfüllen. Sie müssen lediglich ziemlich bekloppt sein, wenn sie diesen Zustand freiwillig erreichen wollen.
Wenn Sie also trotzdem oder gerade wegen dieser TKKG-Gründe vorhaben, sich den Hafen der Ehe einmal persönlich anzuschauen, dann sind das hier die vorbereitenden Reisefakten für Sie:
Rund 380 000 Paare in Deutschland erliegen pro Jahr der Ehehafenromantik und geben sich freudestrahlend das Jawort. Ungefähr 180 000 Paare verlassen den Hafen der Ehe pro Jahr wieder als geschiedene Leute. Meist noch freudestrahlender. Am Ein- und Ausgang zum Hafen der Ehe herrscht also reger Verkehr.
Wie aber kommt man da rein? Und – daran sollten Sie unbedingt schon vor Reiseantritt denken – wie kommt man da schnell wieder raus?

Bis zum Hafentor

Lustigerweise lässt der Staat das Tor zum Ehehafen nicht von Leuten bewachen, die etwas von Seefahrt verstehen, etwa vom Bundesamt für Schifffahrt und Hydrografie. Der rechtlich verbindliche Einlass in den Hafen der Ehe wird im Alltag von einem Standesbeamten kontrolliert. Und der versteht in der Regel von Seefahrerromantik ungefähr so viel wie ein katholischer Priester von den praktischen Sorgen eines verheirateten Paares. Doch auch der Priester lungert gerne an der Hafeneinfahrt rum.*
Dass ausgerechnet Standesbeamte und Geistliche den Zugang zum Hafen der Ehe kontrollieren, mag erklären, warum sehr viele Menschen reingelassen werden, die anschließend sehr schnell wieder rauswollen.

Der kürzest romantische Sachverhalt

Adam (A) fragt Eva (E), ob diese ihn heiraten will. Sie will. Dürfen sie?

* Die kirchliche Trauung ist aus rechtsstaatlicher Sicht für die Ehe bedeutungslos und wird deshalb hier nicht näher ausgeführt. Dabei gibt es nachweislich Menschen, von denen Gott wollte, dass sie ein Leben lang zusammenbleiben: siamesische Zwillinge. Und selbst die lassen sich trennen. Allerdings nicht juristisch, sondern medizinisch.

Die Verlobung

Keine Voraussetzung zum Heiraten ist die Verlobung. Sie ist – rein privatrechtlich gesehen – ein Vertrag zwischen zwei Menschen, in dem diese sich gegenseitig zusichern, einander zu heiraten. Wenn Sie Ihren zukünftigen Ehepartner also nicht gerade mit einem Sack über dem Kopf und unter Drogen aufs Standesamt schleppen wollen, sollten Sie spätestens beim gemeinsamen Sortieren der notwendigen Heiratspapiere de facto verlobt sein. A und E sind nun also faktisch verlobt. Diese Zusicherung ist allerdings ungefähr so bindend wie die mündliche Zusicherung der Telekom, Ihren neuen Internetanschluss innerhalb eines Tages freizuschalten. Wenn der Vertragspartner nicht will, dann stehen Sie halt dumm da.

Denn das mit der Verlobung gegebene Versprechen zu heiraten ist nicht einklagbar. Es kann lediglich zu Schadensersatzforderungen führen. Die Eltern der Braut haben zum Beispiel aufgrund der Verlobung für ihre Tochter eine teure Hochzeitsfeier in Wuppertal gebucht. Der Bräutigam verbringt diesen schönsten Tag im Leben aber doch lieber spontan mit seiner Sekretärin auf Bali. Dann wird er neben dem Candle-Light-Dinner am Strand wohl auch noch für die 250 Drei-Gänge-Menüs in der Mehrzweckhalle Oberbarmen aufkommen müssen. Klingt teuer, kann aber im Zweifel günstiger sein, als erst widerwillig zu heiraten und sich dann kostenintensiv scheiden zu lassen. Außerdem soll Bali wirklich sehr schön sein.

Ganz früher, als die Gerichtsshows noch schwarz-weiß waren, gab es sogar einen ganz speziellen Schadensersatzanspruch im Zusammenhang mit der Verlobung: das sogenannte Kranzgeld. Wenn ein Verlobter seiner Verlobten im Vertrauen auf das Versprechen der folgenden Ehe noch vor der Ehe die Jungfräulichkeit nahm, sie dann aber doch nicht heiratete, musste er ihr den daraus entstandenen Schaden ersetzen. Klingt wie Abseits im Fußball. Wurde aber vor Gericht immer seltener gepfiffen und deswegen abgeschafft.

Am Hafentor: Die Einreisevoraussetzungen

Sie werden erstaunt sein, wie wenig Wert auf Einreiseformalitäten der Staat bei der Reise in den Hafen der Ehe legt. Die Voraussetzungen dafür hat er sogar ganz bewusst sehr niedrig angesetzt. Dem Standesbeamten ist es völlig egal, ob Sie

- treu,
- romantisch,
- attraktiv,
- humorvoll
- oder liebevoll sind.

In Deutschland müssen Sie lediglich

- volljährig,
- geschäftsfähig,
- nicht in gerader Linie verwandt
- und ledig sein,

um als »ehefähig« in den Hafen der Ehe gelassen zu werden.
Mit anderen Worten: Wenn Adam sich in 35 Lebensjahren mit gepumptem Geld durch alle Bordelle Thailands gevögelt hat, sei-

nen Hund schlägt, nicht allzu oft aus Versehen in den eigenen Hof kackt und ihm bislang jede Frau schreiend davongelaufen ist, dann dürfte er in Deutschland mit staatlichem Segen auch dann Eva heiraten, wenn sie seine Cousine wäre.
Der Erfolg einer Ehe mag unter diesen Voraussetzungen zwar nicht garantiert sein. Der Erfolg von Eheanbahnungsformaten wie »Bauer sucht Frau« oder »Schwiegertochter gesucht« aber schon.

Die Einreisedokumente

A und E sind am Hafentor als ehewilliges Paar dafür beweispflichtig, dass bei ihnen die oben genannten Einreisevoraussetzungen vorliegen. Deswegen wird der Standesbeamte von beiden Einreisewilligen mindestens folgende drei Dokumente verlangen:

- ihren Personalausweis: damit A und E zeigen, dass A und E wirklich A und E sind.
- eine neu ausgestellte Abschrift aus dem Geburtenregister: damit A und E beweisen, dass sie beide unterschiedliche Eltern haben und keiner von ihnen der Elternteil des anderen ist.*
- eine aktuelle Bescheinigung des Meldeamtes mit Angabe des Familienstandes, der Staatsangehörigkeit und des Wohnsitzes: um sicherzustellen, dass A und E ledig sind, deutsches Eherecht

* Für den Adam und die Eva aus der Bibel wäre der Traum von der Hochzeit an dieser Stelle aufgrund des gemeinsamen Vaters und der nicht vorhandenen Mutter also ausgeträumt. Für alle anderen Adams und Evas besteht noch Hoffnung.

Anwendung findet und der Standesbeamte, der vor ihnen steht, überhaupt zuständig ist. Das ist er nämlich nur dann, wenn einer von beiden im Bezirk des Standesamtes gemeldet ist.

Sollten A und E bereits verheiratet gewesen oder sogar Ausländer sein, dann verlangt der Standesbeamte weitere Unterlagen. Das hat nichts damit zu tun, dass er ein Rassist wäre oder sie für dumm hält, weil sie den gleichen Fehler noch mal machen wollen. Das ist einfach Vorschrift: Ehemals Verheiratete müssen nachweisen, dass sie nicht mehr verheiratet sind. Das geht auf drei Arten: schwierig, leichter oder einfach. Nämlich entweder mit dem Auflösungsvermerk in einer beglaubigten Abschrift aus dem Eheregister der Vorehe (schwierig, dafür muss man extra einen Antrag stellen). Oder mit einem Scheidungsurteil (leichter, das hängt nämlich meist eingerahmt im Wohnzimmer). Oder (ganz einfach) mit der Sterbeurkunde des Partners.*

Ausländer dürfen noch eine Hürde mehr überspringen, wenn sie von einem deutschen Standesbeamten in den Hafen der Ehe gelassen werden wollen. Sie müssen ein sogenanntes Ehefähigkeitszeugnis vorlegen. Keine Sorge, dafür muss man nicht in irgendeine Schule gehen und eine Prüfung ablegen. Dieses Zeugnis bekommt man noch einfacher als das Abitur in Nordrhein-Westfalen. Mit dem Ehefähigkeitszeugnis muss eine Behörde im Heimatland des Ausländers lediglich bestätigen, dass der Ausländer auch nach dem Eherecht seiner Heimat heiraten dürfte.

Das heißt: Ein Deutscher mit schlechtem Charakter kann in Deutschland sofort heiraten, weil es dem Standesbeamten egal ist.

---

* Bei der kirchlichen Hochzeit wird auf diese einfachste Möglichkeit sogar ausdrücklich hingewiesen: »... bis dass der Tod euch scheidet!«

Ein Ausländer mit schlechtem Charakter kann in Deutschland nur dann heiraten, wenn es auch den Behörden in seinem Heimatland für die Eheschließung egal ist, ob er einen schlechten Charakter hat. So funktioniert zwar weltweit keine Ehe. Aber so funktionieren weltweit alle Behörden.

Der Einreisetermin

Auch wenn der Standesbeamte alle Reisedokumente akzeptiert hat, bekommen Adam und Eva noch keinen Zutritt zum Hafen der Ehe, sondern erst einen Termin zur standesamtlichen Hochzeit. Standesbeamte sind sehr zuvorkommend, wenn es um die Wahl eines »unvergesslichen« Termins geht. So wie der 8. 8. 88. oder der 20. 11. 2011. Aber machen Sie sich keine Sorgen, denn der Termin ist völlig egal. Man kann vielleicht vergessen, *wann* man geheiratet hat, aber *dass* man geheiratet hat, nicht. Denn die Folgen, die der staatliche Schutz der Ehe mit sich bringt, sind dafür viel zu präsent.

Die Trauung

Völlig unabhängig davon, was Adam und Eva in der Hochzeitsnacht vorhaben, geschieht während der Trauung bereits der wichtigste Akt des Tages: der Verwaltungsakt. Mit dem werden die beiden nämlich zu Eheleuten und dürfen in den bezaubernden Hafen einfahren. Egal, wie die beiden aussehen oder wen sie mitbringen, der professionelle Standesbeamte wird sie beide völlig ironiefrei fragen:

»Wollen Sie, Herr Adam, mit Ihrer hier anwesenden Verlobten, Frau Eva, die Ehe eingehen? Dann antworten Sie bitte mit Ja.« Sofern beide mit Lauten antworten, die sich als »Ja« interpretieren lassen, geschieht das Wunder der Bürokratie. Der Standesbeamte stellt fest: »... dass Adam und Eva nunmehr kraft Gesetzes rechtmäßig verbundene Eheleute sind.« Und damit sind sie im Hafen der Ehe eingelaufen!

Im Hafen angekommen

Der Hafen der Ehe ist ein bisschen wie ein Piranha-Becken. Man kommt nie wieder so raus, wie man reingekommen ist. Vieles ändert sich mit der Hochzeit ...

Der Name

Zuallererst ist die Ehe die einmalige Chance, einen anderen Namen anzunehmen. Leider nicht irgendeinen, sondern bloß den Nachnamen des Partners, aber das ist in 50 Prozent der Fälle allerdings bereits von Vorteil. Denn ein Nachname klingt immer schlimmer als der andere. Wenn sich beide Ehepartner also für den weniger schlimmen Nachnamen entscheiden, ist die Ehe zumindest für einen der beiden schon mal ein Gewinn.

Passen Sie dagegen um Himmels willen auf mit Doppelnamen. Es gibt Nachnamen, die sind für sich genommen neutral, als Doppelname aber unerträglich. Wenn die Frau Riesen den Herrn Hupen heiratet, sollten sich die beiden besser für nur einen der beiden Namen entscheiden.

Die Haushaltsführung im Einvernehmen

Der Gesetzgeber will, dass Ehepaare es warm haben – und sei es nur durch Reibungshitze. Deswegen gibt es im Familienrecht eine Vorschrift, die sehr viel Potenzial zur Reibung beinhaltet, nämlich § 1356 I BGB: »Die Ehegatten regeln die Haushaltsführung im gegenseitigen Einvernehmen.« Wie das gehen soll, sagt das Gesetz leider nicht. Dabei geht es hier um die vielen praktischen Fragen des Alltags, die in der Ehe zum Problem werden können, wenn man sie nicht gemeinsam regelt: Bauen wir den Keller aus? Kaufen wir einen Volkswagen? Fahren wir im Herbst mal nach Polen? Es gibt Ehepaare, die können aufgrund der familiären Gesamtsituation dieses Einvernehmen relativ leicht herstellen. Bei Adolf und Eva Hitler zum Beispiel waren all diese Fragen nie Streitthema. Beide haben ihr ganzes Eheleben lang aber auch gemeinsam von zu Hause aus arbeiten können. Die Ehe hat gehalten bis zum Tod. Bei anderen Paaren klappt das mit dem Einvernehmen nicht so gut. Bei Dieter Bohlen und Verona Feldbusch zum Beispiel fing Dieter schon regelmäßig an zu kochen, nur weil Verona es nicht tat. Die Ehe musste nach kürzester Zeit geschieden werden. Aber Dieter Bohlen und Adolf Hitler sind einfach zwei unterschiedliche Typen Ehemänner. Hier der große Eroberer, der viel Elend über Deutschland gebracht hat, da der monogame Vegetarier.

Der Güterstand der Zugewinngemeinschaft

Wenn Sie vertraglich nichts anderes mit Ihrem Ehepartner vereinbart haben, leben Sie ab der Hochzeit im gesetzlichen Güterstand der Zugewinngemeinschaft. Das ist nicht metaphorisch gemeint, so in dem Sinne: Die Ehe ist immer ein Zugewinn. Sondern rein wirtschaftlich: Alles, was jeder Ehepartner während der Ehe an Vermögen dazugewinnt, gehört beiden Partnern gemeinsam. Alles, was jedem Ehepartner schon vor der Ehe alleine gehörte, gehört ihm auch während und nach der Ehe alleine. Mit der Ehe halbiert man also nicht sein Vermögen. Sondern bloß seine Zukunft.

Mal ein Beispiel: Christian und Bettina W. sind glücklich verheiratet. Vor der Ehe war Christian Eigentümer einer wertvollen Rolex. Bettina hatte ein bezauberndes Lächeln. Während der Ehe erwarben sie gemeinsam eine Doppelhaushälfte und ein Bobby-Car. Sollten die beiden sich scheiden lassen, würde jeder der beiden Anspruch auf ein Doppelhausviertel und ein halbes Bobby-Car haben. Rein faktisch liefe es darauf hinaus, dass Haus und Bobby-Car verkauft und der Erlös geteilt würde. Das Anfangsvermögen aber bliebe unberührt. Christian dürfte seine Rolex verpfänden und Bettina ihr Lächeln meistbietend verkaufen. Das ist Zugewinngemeinschaft.

Verfügungen über das Vermögen als Ganzes

Der Güterstand der Zugewinngemeinschaft hat noch eine weitere Folge: Kein Partner darf über sein Vermögen als Ganzes verfügen, ohne den anderen zu fragen. Das hat in der Praxis eine große Relevanz. Stellen Sie sich vor, Sie haben den Integrations-Bambi bekommen und wollen jetzt Ihr Hab und Gut einem befreundeten Mafiaclan überschreiben. Dann sollten Sie rein juristisch gesehen darauf achten, dass Sie diese Vermögensverfügung als Ganzes entweder

- außerhalb des Hafens der Ehe vollziehen oder
- per Ehevertrag die Zugewinngemeinschaft ausschließen oder
- Ihre Frau um Zustimmung bitten.

Ansonsten könnte es sein, dass die Mafia am Ende in die Röhre guckt. Und schuld daran wäre die Ehe. Diesen Ärger kann man vermeiden.

Erbansprüche

Die kirchliche Trauung ist aus rechtsstaatlicher Sicht eine nette Folklore, für die Ehe aber nicht notwendig. Dennoch fällt in der Kirche ein Satz, der auch den Gesetzgeber zum Grübeln gebracht hat. Der Satz lautet: »... bis dass der Tod Euch scheidet.«
Wenn der Tod eine Ehe scheidet, ist meist gerade kein weltlicher Richter da, der das dann geschiedene Paar gemeinsam über die Folgen der Scheidung aufklärt. Also hat der Gesetzgeber diese Folgen gesetzlich geregelt: im Erbrecht. Erbrecht ist im Grunde das Gleiche wie Familienrecht – nur dass der Teil, mit dem man sich bislang immer gestritten hat, mittlerweile tot ist.

Wenn einer von Ihnen den Hafen der Ehe in kleinen Dosen verlässt, ist im Erbrecht klar geregelt, wer anschließend die Dose behalten darf.

Wenn Ihr Ehepartner im Hafen der Ehe verstirbt, stellt sich für Sie als überlebender Partner rein faktisch die Frage: Wie viel von dessen Gepäck kann ich denn jetzt mitnehmen? Die Antwort ist einfach: Kommt drauf an, wer sonst noch lebt.

Ein Viertel des Gepäcks können Sie sich auf jeden Fall schon mal nehmen: als Zugewinnausgleich. Danach hängt es davon ab, ob es erbberechtigte Verwandte gibt. Gibt es Kinder, so hätten Sie nur Anspruch auf ein weiteres Viertel des Gepäcks. Gibt es keine Kinder, sondern nur Eltern, dann dürfen Sie sich eine weitere Hälfte des Gepäcks nehmen – zusätzlich zu Ihrem Viertel Zugewinnausgleich!

Das Ehegattenerbrecht ist sehr einfach: Je weniger Verwandte zur Beerdigung des Partners auftauchen, desto mehr Kuchen darf der Überlebende behalten.

Um das Ganze nicht unnötig kompliziert zu machen, merken Sie sich einfach folgende Faustregel:

Kommen Kinder Sie besuchen,
gibt es bloß den halben Kuchen.
Sind die Eltern noch am Leben,
müssen Sie ein Viertel geben.
Kommt keine Sau zum Totentanz,
gehört Ihnen die Torte ganz.

Klugscheißerwissen, das Sie in jede Diskussion zum Thema Ehe einwerfen sollten

Verlobung

Nicht einklagbares, gegenseitiges Versprechen, den jeweils anderen zu heiraten. Will einer der beiden das Versprechen nicht erfüllen, hat das in der Regel lediglich emotionale, aber keine rechtlichen Konsequenzen. Lediglich im Vertrauen auf die stattfindende Hochzeit getätigte Kosten müssen gegebenenfalls erstattet werden.

Ehefähigkeit

Wenn Sie als Deutscher volljährig, geschäftsfähig, nicht in gerader Linie mit Ihrem zukünftigen Ehepartner verwandt und ledig sind: Dann sind Sie in Deutschland ehefähig.

Ehefähigkeitszeugnis

Wenn Sie Ausländer sind und in Deutschland heiraten wollen, dann muss eine Behörde Ihres Heimatlandes mit einem Ehefähigkeitszeugnis bestätigen, dass Sie auch dort heiraten dürften.

Haushaltsführung im Einvernehmen

Laut Bürgerlichem Gesetzbuch ist die Ehe modisch recht einfach gestrickt: Beide Partner haben die Hosen an. Das BGB sieht es wie Antoine de Saint-Exupéry: »Liebe besteht nicht darin, dass man sich anschaut, sondern dass man gemeinsam in dieselbe Richtung blickt.«

Zugewinngemeinschaft
Ehepartner erwerben in der Ehe keinen Anspruch auf das Vermögen des anderen, sondern auf die Hälfte dessen, was der andere in der Ehe dazuverdient. Scheitert die Ehe, wird man den ganzen Partner los, darf aber die Hälfte des Zugewinns behalten.

Die Nachbarn

Kurzzusammenfassung aller Regeln

§ 1 Die glücklichsten Nachbarn sind dumme Menschen mit dicken Wänden.

§ 2 Wenn ein Nachbar weniger dumm als der andere ist, kann er dem Störenfried zu Recht einen Unterlassungsanspruch durch die zu dünne Wohnungswand brüllen.

§ 3 Dieser Unterlassungsanspruch lässt sich wesentlich effizienter durchsetzen:

(1) über das Ordnungsamt,

(2) mit gerichtlicher Hilfe,

(3) über den Vermieter.

Nichts als Probleme mit den Leuten

Die UNO, der Club of Rome und auch die G8-Staaten sind sich in einem Punkt einig: Das größte Problem der Menschheit ist die Überbevölkerung. Oder mit anderen Worten: zu viele Nachbarn.

Zu viele Nachbarn machen international wie national nur Ärger. Doch während die Nachbarn einem in anderen Erdteilen bloß Nahrung, Lebensraum und Wasser wegnehmen, sind in Deutschland die Probleme weitaus schlimmer: Hier machen Nachbarn außerhalb der Ruhezeiten Lärm, trennen den Müll nicht oder rauchen außerhalb fester Rauchzeiten auf dem Balkon.
Leider kümmert sich darum bei der UNO niemand, weswegen die Deutschen gezwungen sind, diese Probleme ohne internationale Hilfe ganz alleine vor deutschen Zivilgerichten zu lösen.
Auch die emotionale Bindung zu Nachbarn ist in Deutschland eine ganz andere als in ferneren Ländern. Zum Beispiel in einem indischen Dorf, wo man sich gemeinsam gegen Tiger verteidigen muss, machen Nachbarn durchaus Sinn. Ist der Tiger gemeinsam verjagt, kann man anschließend auch gemeinsam Tandoori-Chicken grillen, eine Rosenblatt-Zigarette rauchen und ein bisschen Sitar-Musik hören – in der Hoffnung, der Nachbar wird vielleicht in der nächsten Nacht vom Tiger gefressen.
Weil es in Deutschland keine Tiger gibt, erschließt sich oftmals

der Sinn von Nachbarn nicht. Mangels Tiger wird in Deutschland allzu oft und gerne gegen grillende, rauchende oder musizierende Nachbarn geklagt. Und die Hoffnung, dass der Nachbar in absehbarer Zeit von einer Großkatze gefressen wird, ist gering.

Das Verhältnis der Deutschen zu ihren Nachbarn lässt sich ungefähr so beschreiben:
Stellen Sie sich vor, es gäbe auf der ganzen Welt nur zwei Menschen. Beide sind Deutsche. Dem einen gehört die Nordhalbkugel, dem anderen die Südhalbkugel. Beide haben jeweils ein Iglu direkt am Nord- bzw. Südpol. Wenn sich die beiden das erste Mal treffen, werden sie gemeinsam eine Bauordnung beschließen, die die Bebauungsgrenze zum Äquator hin regelt. Wenn sich die beiden dann ein zweites Mal treffen, wird jeder der beiden dem anderen vorwerfen, seine Hütte zu nah am Äquator gebaut zu haben.

In Deutschland lässt sich die Qualität eines nachbarschaftlichen Verhältnisses gut anhand der Berichterstattung auf RTL beurteilen: Wenn Nachbar A seine Familie und sich selbst umbringt und Nachbar B dem RTL-Team noch am gleichen Abend A als immer höflich und zurückhaltend schildert, war das nachbarschaftliche Verhältnis optimal. Wenn der Tod der Familie erst nach vier Wochen aufgrund des Geruchs von Passanten bemerkt wird und keiner der Nachbarn RTL gegenüber zu einer Stellungnahme bereit ist, dann war das nachbarschaftliche Verhältnis nicht ganz so gut.
Die meisten Nachbarschaftsstreitigkeiten lassen sich auf drei subjektiv empfundene Störungen zurückführen:

- ▷ Der Nachbar ist laut.
- ▷ Der Nachbar stinkt.
- ▷ Gegenstände des Nachbarn stehen, wo sie nicht stehen sollen.*

Lärm und Gestank sind im Übrigen sogenannte *Immissionen:* Umwelteinwirkungen von außen, die auf einen Betroffenen einwirken – völlig egal, ob sie von Ihrem Nachbarn oder von der gewerblichen Müllverbrennungsanlage drei Häuser weiter kommen. Versuchen wir einmal, die gängigsten nachbarschaftlichen Probleme anhand eines ebenso politisch korrekten wie lebensfremden Beispiels zu erörtern:

Beispielfall: Das europäische Haus oder: Warum muss es immer ohne Krieg gehen?

In einem Mehrparteienhaus im Stadtzentrum wohnt im Erdgeschoss die 59-jährige, alleinstehende katholische Religionslehrerin Müller (M) mit ihren vier Katzen. Im ersten Stock wohnt die gemischt-europäische Patchworkfamilie Igovisenic-Krause (I-K): der serbische Vater Dragan (D), die deutsche Mutter Heike (H) und die vier Kinder: der halbrussische Boris (B), 6 Jahre alt, die halbtürkische Hülya (H), 8 Jahre alt, der halbitalienische Silvio (S), 14 Jahre alt, und die halbpolnische Olga (O), 19 Jahre alt. Bei so viel ethnischer Vielfalt auf engstem Raum ist der Ärger vorprogrammiert:

M lässt permanent ihr E-Bike im gemeinsam genutzten Treppenhaus stehen. D, der eine Gehhilfe benötigt, kommt

* In den allermeisten Fällen sind Nachbarn auch noch hässlich. Dieses durchaus störende optische Problem lässt sich aber häufig durch schlichtes Schließen der eigenen Wohnungstür beheben und beschäftigt deswegen eher selten die Gerichte.

kaum am Fahrrad vorbei. Silvio und Olga können samstags nicht in Ruhe einschlafen, weil M bis nachts um zwei bei starker Rauchentwicklung im Garten grillt, sich angetrunken laut mit ihren Katzen unterhält und dabei aus dem Wohnzimmer »Geh mal Bier holen, du bist schon wieder hässlich« von Mickie Krause ertönt.

B und H können sonntags nicht in Ruhe auf dem Balkon Blockflöte spielen, weil sich alle zwanzig Minuten im Garten die verkaterte M oben ohne mit lautem Peitschenknallen selber ihr schlechtes Gewissen wegen der letzten Nacht weggeißelt. H, die zum Islam übergetreten ist, fühlt sich vom Anblick der halb nackten Nachbarin gestört.

D fragt seinen Anwalt, ob er juristisch oder militärisch gegen M vorgehen kann.

Peitschenhiebe und Blockflötenspiel werden in Mietshäusern eher als störend empfunden. Und zwar sowohl für den Ausübenden als auch für den Betrachter.

Piep-Piep-Piep, wir haben uns alle lieb

Das Zauberwort bei allen Störungen im Nachbarschaftsrecht ist das Gebot der »gegenseitigen Rücksichtnahme«, also ein »Piep-Piep-Piep, wir haben uns alle lieb« unter Erwachsenen. Ausgerechnet Juristen, die sonst jedes kleinste Detail definiert haben wollen, gehen beim Nachbarschaftsrecht ernsthaft davon aus, dass sich die betroffenen Streithähne mit ein wenig gesundem Menschenverstand ja wohl über alles einigen können.

Können sie aber nicht. Von dieser Tatsache leben Heerscharen von Zivilrechtlern ganz gut. Denn die gegenseitige Rücksichtnahme hat im Nachbarschaftsrecht in etwa den gleichen Stellenwert wie die jungfräuliche Geburt bei den Katholiken: Auf ihr beruht der ganze Glaube an das System, sollte es sie aber tatsächlich geben, könnte man zu Recht von einem Wunder sprechen.

Eine 59-jährige, alleinstehende Religionslehrerin hat von gegenseitiger Rücksichtnahme punktuell nun mal eine andere Auffassung als eine gemischt-kulturelle Patchworkfamilie mit pubertierenden Kindern. Leider wohnen beide oftmals Wand an Wand. Für die einen ist es Rücksichtnahme, wenn die Nachbarin nachts um zwei nicht mehr bei lauter Musik im Garten grillt. Für die andere ist es Rücksichtnahme, wenn die Nachbarn einfach das Kinderzimmerfenster schließen, wenn sie nachts um zwei zu lauter Musik mit ihren Katzen im Garten grillen will.

Können sich beide Parteien nicht auf eine gemeinsame Definition von Rücksichtnahme einigen, tut dies eben kostenpflichtig ein Gericht. Und ohne den Spaß am Grillen verderben zu wollen: Es ist in der Regel nicht das Kinderzimmerfenster, das nachts um zwei geschlossen werden sollte.

Was stört?

Als Eckdaten der gegenseitigen Rücksichtnahme können zumindest die Nachtruhe von 22 bis 6 Uhr sowie die Sonn- und Feiertagsruhe angesehen werden. Alle anderen bekannten Ruhezeiten wie »Mittagszeit« oder »die Knoppers-Pause« (morgens halb zehn in Deutschland) sind von Bundesland zu Bundesland unterschiedlich geregelt und manchmal sogar gar nicht vorhanden. Selbst von der Nachtruhe gibt es zahlreiche Ausnahmen: In der Erntezeit darf bis 23 Uhr und ab 5 Uhr geerntet werden, Biergärten dürfen regional bis 24 Uhr geöffnet haben, bestimmte Gartengeräte müssen vor 22 Uhr ausgeschaltet sein, andere nicht.

Kinder dürfen laut schreiend im Garten rumtoben, deren Eltern nicht. Kinderlärm ist nämlich Zukunftsmusik und damit privilegierter Lärm.

Was Sie im Einzelfall stört, sollten Sie also im Einzelfall googeln, bevor Sie Ihre illegale Waffe in Richtung Nachbarn durchladen. Oder fragen Sie einen Anwalt. Bis Sie einen Termin bekommen, haben Sie sich in der Regel auch wieder beruhigt.

Was konkret Ruhe und was Lärm ist, ist also im Einzelfall Auslegungssache. Der Anwalt von D wird diesem aber mitteilen, dass Grölen und Grillen nachts um zwei, Peitschenknallen am Sonntagmorgen und auch feiertägliches Blockflötenspiel auf dem Balkon jedenfalls alles nichts mit Ruhe zu tun hat.

Ferner wird D erfahren, was er eh schon ahnt: Im Hausflur ist – in der Regel – eine (wie auch immer bedruckte) Fußmatte mit Schuhen des Nachbarn zu akzeptieren. Die Schuhe können auch auf einem nicht störenden Schuhregal stehen. Alles, was aber de facto stört, hat mit Rücksichtnahme nichts zu tun. Ein E-Bike im

Hausflur, an dem ein Nachbar mit seinen Analog-Krücken hängen bleibt, stört also.
In der Regel sind Gerichte auch großzügig, was Nacktheit auf dem eigenen Balkon oder im eigenen Garten angeht. Aber auch das ist eine Einzelfallentscheidung – die aber in der Regel weder mit der Ästhetik des gezeigten Körpers noch mit der Religion des Betrachters, sondern mit den Gesamtumständen zu tun hat. Wer sich nackt im Garten geißelt, bekommt in der Regel eher Ärger wegen der Lautstärke.

Wie stelle ich das ab?

Bei allen drei Arten von möglichen Störungen zwischen Nachbarn (laut, stinkt, steht falsch) will der gestörte Nachbar dem störenden Nachbarn möglichst effektiv immer nur eins mitteilen: »Lass das!« Und das kann er auch, wenn er einen sogenannten »Unterlassungsanspruch« hat. Die beiden einschlägigen Unterlassungsansprüche bei Mietstreitigkeiten finden sich im:

§ 117 Ordnungswidrigkeitengesetz (OWiG)

Demnach ist es eine Ordnungswidrigkeit, grundlos zu laut zu sein. Ist jemand grundlos laut, kann ihm die Polizei oder das Ordnungsamt den Unterschied zwischen laut und leise erklären und ein Bußgeld verhängen.

Demnach können Sie auch selbst von einem Nachbarn verlangen, Lärm-, Geruchs- und sonstige Belästigungen zu unterlassen. Versteht der Nachbar das nicht, kann ihm gerichtlich Nachhilfe erteilt werden. Außerdem können Sie auf der gleichen rechtlichen Grundlage auch von Ihrem Vermieter verlangen, dass der sich den störenden Nachbarn mal zur Brust nimmt.

Natürlich sollte man unter Nachbarn zunächst einmal miteinander reden. Nachdem Sie also einmal ebenso friedlich wie erfolglos »RUHE!« durch die Wand gebrüllt haben, haben Sie anschließend insgesamt vier Optionen, gegen Ihren Nachbarn vorzugehen:

- Sie rufen die Polizei.
- Sie rufen das Ordnungsamt.
- Sie verklagen Ihren Nachbarn auf Unterlassung.
- Sie verlangen von Ihrem Vermieter, Ihren Nachbarn auf Unterlassung zu verklagen.

Das Rufen von Polizei und Ordnungsamt sorgt kurzfristig für Ruhe und langfristig für Ärger unter den Nachbarn. Eine Klage gegen den Nachbarn sorgt kurzfristig für Ärger und langfristig für Ruhe. Am besten ist es also, Sie machen beides. Dann haben Sie nämlich für den ohnehin schon vorhandenen Ärger sowohl kurz- als auch langfristig Ruhe.

D wäre im Umgang mit der extremistischen Religionslehrerin aus der katholischen Parallelgesellschaft somit zunächst einmal zu raten, beim nächsten nächtlichen Lärm die Polizei oder das Ordnungsamt anzurufen. Damit tatsächlich zügig gegen M vorgegangen wird, ist Folgendes zu beachten:

Polizei- und Ordnungsamt gehen in der Regel nicht ganz zu Unrecht davon aus, Wichtigeres zu tun zu haben, als gegen Lärm vorzugehen. Wenn D also einfach nur bei der Polizei anruft und sagt: »Meine alleinstehende Nachbarin unterhält sich im Garten mit ihren Katzen, grillt und hört Musik.«, dann wird der Gesprächspartner sagen: »Ich geb das dann mal wei…«. Bei der Silbe »-ter« wird der Beamte bereits desinteressiert aufgelegt haben. Garten, Katzen, Grillen und Musik haben keinerlei Priorität auf einer unterbesetzten Dienststelle.

Die Priorität muss D schon selber schaffen. Er sollte deswegen – natürlich wahrheitsgemäß – zusätzlich schildern, dass er nicht ausschließen kann, dass Alkohol im Spiel ist, dass er das Verhalten der M subjektiv als aggressiv sowie selbst- und fremdgefährdend empfindet und dass im Garten ein – bislang noch kontrolliertes – offenes Feuer brennt – in unmittelbarer Nähe zum Kinderzimmer. Am Schluss des Gesprächs lässt er sich noch einmal den Namen des Gesprächspartners nennen.

In diesem Fall hat der telefondiensthabende Beamte auf einmal ganz andere Prioritäten. Bei den Worten Alkohol, Aggressivität, Selbst- und Fremdgefährdung, Feuer und Kinder in Verbindung mit der Nennung seines eigenen Namens wird er sehr schnell seine Kollegen zu M rausschicken, um den Sachverhalt klären zu lassen und selbst aus dem Schneider zu sein. Hier geht es nämlich nicht mehr um Lärm, sondern um Gefahrenabwehr. Wenn dabei auch gleich der Lärm abgestellt wird, schadet das natürlich nicht.*

Ob die Polizei wegen einer nächtlichen Grillparty ausrückt, hängt immer davon ab, wie man diese am Telefon beschreibt.

Die Polizei wird also vorbeikommen, für Ruhe sorgen und eventuell sogar ein Ordnungsgeld gegen M verhängen.

Hilfe vom Gericht

Als Nächstes sollte D der M einen Brief schreiben. Anlass, ihn zu übergeben, wird er spätestens dann haben, wenn sich M wieder aus schlechtem Gewissen im Garten oben ohne den Rücken auspeitscht. In dem Brief sollte sinngemäß stehen:

* Sehr effektiv lässt sich die Grillparty von M beenden, wenn D sie als religiöse Extremistin schildert, die für die Nachbarn just in diesem Moment eine konkrete Terrorgefahr darstellt. Ob die Kinder von D beim daraufhin ziemlich sicher stattfindenden Blendgranateneinsatz der Sondereinheit besser schlafen können, ist allerdings fraglich.

- dass M wiederholt die Nachtruhe und die Feiertagsruhe durch Grillen, Grölen, Musik und Peitschen gestört hat. Dies sollte durch ein Lärmprotokoll belegt sein – also eine kurze Auflistung, wann welcher Lärm produziert wurde und wer das vor Gericht bezeugen könnte.
- dass D dies in Zukunft nicht mehr dulden, sondern gerichtlich gegen M vorgehen wird, sofern diese nicht beiliegende »strafbewehrte Unterlassungserklärung« binnen 14 Tagen unterschreibt.

Die strafbewehrte Unterlassungserklärung sieht ungefähr wie folgt aus:

> **Strafbewehrte Unterlassungserklärung**
> Ich, M, verpflichte mich hiermit, es in Zukunft zu unterlassen, nachts oder an Sonn- und Feiertagen in meinem Garten zu grillen, laut Musik zu hören, laut mit meinen Katzen zu reden oder mich selbst zu geißeln. Sollte ich gegen diese Verpflichtung verstoßen, werde ich für jeden Verstoß eine Vertragsstrafe von x Euro an D zahlen.
> Datum, Unterschrift

Diese Unterlassungserklärung wird M aller Wahrscheinlichkeit nach im Leben nicht unterschreiben. Das ist in der Regel auch gar nicht der Sinn der Unterlassungserklärung. Der Sinn besteht vielmehr darin, dass durch die Weigerung der M, diese zu unterschreiben, deutlich wird, dass hier eine konkrete Wiederholungsgefahr besteht. Wenn M keine weiteren illegalen Grillorgien planen würde, könnte sie das ja bestätigen. Und nur wenn diese Wiederholungsgefahr besteht, wird das Gericht sich mit dem Fall auch beschäftigen, um eine Regelung für die Zukunft zu treffen. Sollte M also in den nächsten 14 Tagen untätig bleiben, kann D sie auf Unterlassung zukünftiger Belästigungen verklagen. Gewinnt D gegen M, werden alle zukünftigen Solo-Grillpartys ziemlich teuer für M.

Hilfe vom Vermieter

Sofern Sie und Ihr Nachbar einen gemeinsamen Vermieter haben, haben Sie ein sehr effektives Druckmittel in der Hand, um den Vermieter auf Ihren Nachbarn zu hetzen: Geld. Der Vermieter ist Ihnen gegenüber nämlich verpflichtet, Ihnen die Wohnung zum vertragsgemäßen Gebrauch zur Verfügung zu stellen. Sprich: Sie finden dort Ruhe, keine störenden Gerüche und freien Zugang.
Ist dem nicht so, können Sie die Miete mindern und bis zur Abstellung des Mangels in Teilen zurückbehalten. Der Vermieter hat also zum einen ein finanzielles Interesse, die Störung abzustellen. Zum anderen hat er dafür auch ein effektives Drohmittel: die Kündigung.
D sollte also auch dem gemeinsamen Vermieter schreiben, ihm jede Belästigung mitteilen und die Miete entsprechend den Beeinträchtigungen mindern. Je nachdem, in welchem Tonfall er das tut, hat er dann einen Verbündeten gegen M oder einen Feind mehr.
Nachbarschaft ist halt nicht immer schön. So ganz ohne Tiger.

Klugscheißerwissen, das Sie in jede Diskussion zum Thema Nachbarschaft einwerfen sollten

Unterlassungsanspruch

Der Nachbar hat es zu unterlassen, laut oder stinkig zu sein. Das sieht das Ordnungswidrigkeitengesetz in § 117 genauso wie das Bürgerliche Gesetzbuch in § 1004 vor. Beides sind sogenannte Unterlassungsansprüche, die Sie mit Hilfe des Ordnungsamtes oder eines Zivilgerichtes durchsetzen können.

Ruhezeiten

Bundesweit nicht einheitlich geregelte Zeiten, zu denen Ruhe zu herrschen hat. Generell ist das von 22 Uhr bis 6 Uhr morgens der Fall. Von Bundesland zu Bundesland gibt es dazu aber Ausnahmen. Eine einheitlich geregelte Mittagsruhe gibt es nicht.

Immission

Immissionen sind die Antwort auf die Fragen: »Horch, was kommt von draußen rein?« Sie können wahlweise gehorcht oder gerochen werden.

Strafbewehrte Unterlassungserklärung

Wenn Ihr lauter Nachbar Frieden mit Ihnen schließen will, kann er sich schriftlich dazu verpflichten, in Zukunft nicht mehr laut zu sein. Als Zeichen dessen, dass er es ernst meint, verpflichtet er sich, eine Strafe zu zahlen, wenn er gegen die

Verpflichtung verstößt. Unterschreibt er die Unterlassungserklärung, haben Sie in Zukunft entweder Ruhe oder Geld. Unterschreibt er sie nicht, können Sie auf zukünftige Unterlassung klagen.

Gebot der gegenseitigen Rücksichtnahme

In einer idealen Welt würden sich alle Menschen an das Gebot der gegenseitigen Rücksichtnahme halten und Streitereien vermeiden. Diese Welt wäre allerdings so ideal auch wieder nicht. Zumindest nicht für die dann arbeitslosen Rechtsanwälte.

Privilegierter Lärm

Kinder sind Zukunftsmusik. Ihr Lärm gilt als privilegierter Lärm. Die Kreissäge »Attika« dürfte Ihr Nachbar nicht stundenlang im Garten laufen lassen. Ein kreischendes Kind gleichen Namens schon.

Lärmprotokoll

Ein Tagebuch der Unannehmlichkeiten. Wenn Sie regelmäßig aufschreiben, wann konkret welcher Lärm von wem verursacht worden ist, dann muss der lärmende Nachbar vor Gericht im Zweifel auch konkret zu jedem einzelnen Punkt Stellung nehmen. Ein pauschales »Stimmt doch alles nicht!« reicht dann nicht mehr aus.

Die Privatinsolvenz

Kurzzusammenfassung aller Regeln im Zusammenhang mit der Privatinsolvenz

§ 1 Schulden sind wie Vermögen mit negativem Vorzeichen. Es macht deutlich weniger Spaß, sie loszuwerden.

§ 2 Jeder kann das Leben eines Topmanagers führen: Melden Sie einfach wie ein Topmanager Privatinsolvenz an.

§ 3 Wenn Sie zur Geburt Ihres Kindes Privatinsolvenz anmelden, können Sie bei der Versetzung des Kindes in die zweite Klasse bereits schuldenfrei sein. Sofern Ihr Kind die erste Klasse oft genug wiederholt.

Arme Künstler

Was haben Matthias Reim, Eva Herman und Werner Böhm gemeinsam? Ja, sicher, sie führen einem vor Augen, dass der Rechtsstaat an seine geschmacklichen Grenzen stößt, wenn er Zensur verbietet. Aber alle diese drei Ex-Vorzeigeprominenten haben in unserem Rechtsstaat einen Ort aufgesucht, an dem sich auffällig viele Menschen aufhalten, wenn ihre Fernsehkarriere vorbei ist: Sie waren in der Privatinsolvenz. Neben dem RTL-Dschungelcamp der zweithäufigste Ort, an dem überschuldete Promis Zuflucht suchen.

Die Privatinsolvenz ist im Rechtsstaat so eine Art Kurort für Menschen mit finanziellem Burn-out. Damit wir uns nicht missverstehen: Eine Reise in die Insolvenz ist keine Reise für Menschen mit kleinem Budget. Der Aufenthalt in der Insolvenz lohnt sich erst dann, wenn sie ihr komplettes Budget und sogar das vieler anderer Menschen restlos verbrannt haben. Die Privatinsolvenz lohnt sich für Menschen, die die Phase, in der sie nichts zahlen *wollen*, längst überschritten haben – weil sie längst nichts mehr zahlen *können*. Für diese Menschen ist die Privatinsolvenz ein wunderbarer Ort!

Was ist das?

Wer aber geht in die Insolvenz? Und warum? Und wie sieht es da aus? In die Insolvenz geht in der Regel ein Schuldner, wenn ihn seine Gläubiger nerven. Und was sind das für Leute: *Gläubiger* und *Schuldner*? Ein Gläubiger ist jemand, der so gutgläubig ist, dass er einem Hallodri Geld leiht und ernsthaft glaubt, es jemals wiederzusehen. Der Schuldner ist der Hallodri, der das Geld annimmt, verprasst und von nun an Schulden hat.

Es gibt natürlich auch Fälle, da ist das umgekehrt. Da muss der Gläubiger unverschuldet in die Insolvenz gehen, weil sein Geld gerade mit dem Schuldner eine Sause macht. Die Regeln sind in diesem Fall die gleichen. Nur die Tragik eine andere.

Stellen Sie sich vor, Sie wären Klempnermeister und hätten goldene Wasserhähne bei Herrn Reim, Frau Herman und Herrn Böhm eingebaut. Diese drei hätten sich aber leider vor dem Bezahlen in die Insolvenz aufgemacht. Dann kann es gut sein, dass Sie den dreien völlig unfreiwillig hinterherreisen müssen. Nicht, weil Sie dann Ihr Geld wiederbekämen, sondern weil Sie selber wegen der nicht bezahlten Wasserhähne genügend Schulden bei Ihren Lieferanten haben, dass sich diese Reise auch für Sie lohnt. Sie können eben auch unverschuldet verschuldet sein.

Die Alternative zur Fremdenlegion

Die Privatinsolvenz in heutiger Form wurde in der Bundesrepublik erst 1999 durch die Einführung der Insolvenzordnung geschaffen. In der Zeit davor, als die roten Zahlen noch schwarz-

Der Unterschied zwischen Gläubigern und Gläubigen ist gar nicht so groß. Allerdings erwarten Letztere einen Ausgleich ihres Saldos erst nach dem Tod.

weiß waren, konnten sich Schuldner, die sich finanziell vollkommen verrannt hatten, in erster Linie örtlich vor ihren Gläubigern schützen. Ein beliebter Ausweg aus ihrem Dilemma war die französische Fremdenlegion. Sie bot und bietet pauschale Sicherheit vor Gläubigern und die Chance zum Neuanfang. Der Preis ist allerdings ein ungleich höherer: das eigene Leben. Die Privatinsolvenz hat also – zumindest für den Schuldner – zwei entscheidende Vorteile gegenüber der Fremdenlegion:

1. Man geht kein Risiko ein, in Afrika erschossen zu werden.
2. Am Ende der Dienstzeit muss man auch nicht Franzose werden.

Am Ende der Privatinsolvenz steht meist die Schuldenfreiheit im Heimatland.
Für die Gläubiger sind die Vorteile der Privatinsolvenz etwas überschaubarer: Langfristig ist man den Schuldner los. Sein Geld meist aber schon kurzfristig. Ein in der Fremdenlegion erschossener

Schuldner würde einem das verlorene Geld zwar ebenfalls nicht verschaffen, aber zumindest etwas Genugtuung.

Wenn sich also der Gang in die Insolvenz lohnt – wie kommt man dahin?

Die Voraussetzungen

Zahlungsunfähigkeit

Zu viele Schulden haben ist die erste wichtige Voraussetzung, um in die Privatinsolvenz zu gehen. Der Begriff *gehen* ist absichtlich gewählt. Sollten Sie vorhaben, mit Ihrem geleasten Porsche in die Privatinsolvenz zu fahren, würde man Sie nämlich am Eingang nicht reinlassen. Weil man Ihnen das mit dem Willen zum Neuanfang nicht abnimmt. Und solange die Leasingfirma den Porsche noch nicht gepfändet hat, sind Sie wahrscheinlich auch noch nicht zahlungsunfähig.
Ob Sie zahlungsunfähig sind oder nicht, lässt sich sehr leicht feststellen: Solange Sie noch Schlafstörungen haben, weil Sie zwar Ihr finanzielles Problem kennen, aber die Lösung nicht, sind Sie nicht zahlungsunfähig.
Sobald Sie wieder in Ruhe durchschlafen, weil Sie das Problem nicht mehr überblicken und die Suche nach einer Lösung deswegen sinnlos ist, sind Sie zahlungsunfähig.
Doch auch wenn Sie zahlungsunfähig und ausgeschlafen sind, kann es sehr anstrengend sein, den Weg in die Insolvenz alleine und ohne Auto zurückzulegen. Es lohnt sich an dieser Stelle der

kurze Gang zum nächsten Anwalt. Der kennt den Weg, läuft gegen geringe Gebühr mit und hat manchmal sogar ein abbezahltes Auto.

Weniger als 20 Gläubiger

Neben den vielen Schulden sollten Sie allerdings nicht zu viele Gläubiger haben. Das Gesetz erlaubt Ihnen die Privatinsolvenz-Tour nur, wenn Sie weniger als 20 Gläubigern Geld schulden.* Diese Regelung ist ein schönes Beispiel für die feine Ironie unseres Rechtsstaats. Wenn zum Beispiel ein Klaus-Wowereit-Imitator bei 21 Berliner Feinkosthändlern seine Delikatessenrechnung nicht bezahlt hätte, käme für ihn die Privatinsolvenz nicht mehr infrage. Sagt der Staat.

Sollte allerdings eine Berliner Bank das Vermögen von 21 000 Feinkosthändlern an der Börse verzockt haben, dann kommt der Staat ungefragt und hilft der Bank, damit die erst gar keine Insolvenz anmelden muss. Genau das ist eben der Unterschied zwischen feierfreudigen SPD-Politikern und Bankern: Als Banker hilft Ihnen der Staat, die roten Nullen wieder loszuwerden.

Gescheiterte außergerichtliche Einigung

Haben Sie also wesentlich mehr Schulden als Gläubiger, wird Ihr Anwalt nun versuchen, sich mit diesen außergerichtlich zu einigen. Dazu verschafft er sich zunächst einen Überblick über Ihre

---

* Wenn Sie vor der Insolvenz eine selbstständige, wirtschaftliche Tätigkeit ausgeübt haben.

persönlichen Verhältnisse – jenseits Ihres Facebook-Profils. Das heißt, er holt den großen Peter-Zwegat-Block raus und schreibt erst einmal auf, wie viel Geld überhaupt noch da ist: nix. Dann schreibt er auf, wie viele Gläubiger es gibt: hoffentlich weniger als 20. Und ganz unten schreibt er dann noch hin, was die im Einzelnen von Ihnen haben wollen: wahrscheinlich jede Menge. Mit diesem Herrschaftswissen (nix, weniger als 20, jede Menge) überlegt sich der Anwalt nun, ob und wie man aus dem Schlamassel auch ohne Privatinsolvenz wieder rauskommen könnte. Als Jurist bietet sich eine Lösung immer sofort an: das Problem so lange zerreden, bis es nicht mehr besteht. Oder auf Rechtsstaats-Deutsch: Man versucht eine außergerichtliche Einigung. Und diese Taktik wird Ihr Anwalt auch zunächst fahren, indem er zu Ihren Gläubigern geht und mit ihnen redet. Das wird in der Regel ein Monolog werden, denn Ihr Anwalt wird ein Angebot zur Problembehebung machen, das Ihre Gläubiger erst einmal sprachlos dastehen lässt: Er bietet den Gläubigern nämlich an, dass Sie zumindest 10 Prozent der Schulden begleichen – wenn dafür der komplette Rest der Schulden erlassen wird. Um im Wowereit-Beispiel zu bleiben: Dem Feinkosthändler von Klaus Wowereit würde angeboten, einen gerupften Spatz in die Hand zu bekommen. Und zuzusehen, wie die auf Pump gekaufte Taube auf dem Dach gegrillt wird.

Und manchmal ist es sogar sehr sinnvoll, sich als Gläubiger auf dieses Angebot einzulassen. Nämlich dann, wenn völlig klar ist, dass man von der Taube im Leben nichts mehr sehen wird. Dann ist schon der Spatz mehr als nichts.

Wenn diese außergerichtliche Einigung klappt, dann ist auch ohne Privatinsolvenz Land in Sicht. Wenn aber nur ein einziger

Gläubiger sagt: »Ich nehme alles oder nichts!«, dann ist die außergerichtliche Einigung gescheitert. Dann ist das Land der Privatinsolvenz in Sicht. Mit dem Veto auch nur eines Gläubigers zur Einigung haben Sie eine weitere Voraussetzung zur Einreise erfüllt.

Und spätestens jetzt sollten Sie dem Advokaten Ihre Porsche-Schlüssel übergeben und in seinem Wagen zum zuständigen Amtsgericht fahren. Denn jetzt erfüllen Sie alle Einreisevoraussetzungen, um endlich ganz offiziell den Fuß in das schöne Land der Privatinsolvenz zu setzen.

Eidesstattliche Versicherung

Die Grenze zur Privatinsolvenz überschreiten Sie durch eine Tür, über der Amtsgericht steht. Einmal durch die Tür durch, besuchen Sie als Erstes mal jemanden, der sich hier auskennt: den für Sie zuständigen Gerichtsvollzieher. Meist ist das ein selbstverständlicher Akt der Höflichkeit. Denn aller Wahrscheinlichkeit nach war der Gerichtsvollzieher vorher bereits schon mehrere Male vergeblich bei Ihnen, um Geld für Ihre Gläubiger einzutreiben. Sie haben sein Gesicht also zumindest schon mal durch den Türspion gesehen. Sollte der Gerichtsvollzieher bei einer dieser Gelegenheiten nicht schon längst eine *Eidesstattliche Versicherung* von Ihnen bekommen haben, dann sollten Sie diese jetzt bei ihm abgeben. Denn diese, früher *Offenbarungseid* genannt, brauchen Sie ab jetzt in der Insolvenz. De facto sagen Sie damit nichts anderes als: »Ich hab nix. Ehrlich. Ich schwöre. Sogar mit Eid.«

Und da Gerichtsvollzieher nicht nur ein festes Einkommen, sondern auch ein Herz haben, bekommen Sie für den Satz »Ich hab nix« auch gleich etwas in die Hand gedrückt. Nämlich ein Formular zur Vermögensaufstellung. Da können Sie gleich in mehreren Spalten dieses »Nix« ganz genau auflisten.
Wenn Sie mit Eid schwören, hat das zwei Folgen:

1. Der Gerichtsvollzieher glaubt Ihnen und kommt nicht mehr bei Ihnen vorbei. Jedenfalls nicht mehr beruflich.
2. Die Schufa glaubt Ihnen und trägt Sie in ihre Liste ein.

Die Schufa

Die Wer? Die Schufa! Das ist die *Schutzgemeinschaft für allgemeine Kreditsicherung.* Stellen Sie sich einfach alle Menschen, die am Finanzleben teilhaben, als Schafe vor. Die Schufa ist die Gemeinschaft der Schäferhunde, die die schwarzen Schafe absondert und sofort zu bellen anfängt, wenn eines von ihnen anfängt, auf Pump fremdes Gras zu fressen. Mit der Abgabe der Eidesstattlichen Versicherung sind Sie für die Schufa ein solches schwarzes Schaf. Und wann immer Sie jetzt bei jemandem auf Pump etwas kaufen wollen, kann dieser Jemand die Hunde der Schufa befragen und hören, ob gebellt wird oder nicht. Dieses Bellen nennt sich negative Schufa-Auskunft. Und diese Auskunft gibt sehr detailliert wieder, ob der Betroffene kreditwürdig ist oder nicht.
Wer einen negativen Schufa-Eintrag hat, der hatte nicht nur in der Vergangenheit finanzielle Probleme – der verbaut sich damit auch seine Zukunft. Der bekommt nämlich keine Waren mehr auf

Kredit und kann beispielsweise auch den Abschluss eines neuen Handyvertrags auf seinen Namen vergessen. Sollten Sie nicht vorzeitig aus der Privatinsolvenz rausgeworfen werden wollen, dann sorgen Sie bitte dafür, dass die Schufa-Hunde Ihretwegen nicht anfangen zu kläffen. Kaufen Sie in der Insolvenz nichts auf Pump. Das wird dort gar nicht gerne gehört.

Der Privatinsolvenzantrag

Mit der eidesstattlichen Versicherung in der Tasche wird jetzt der Privatinsolvenzantrag beim zuständigen Amtsgericht gestellt. Der zuständige Richter kann auch selbst noch einmal versuchen, eine Einigung mit Ihren Gläubigern zu erreichen. Asyl in der Privatinsolvenz bekommt eben nur der, der auch tatsächlich finanziell verfolgt wird. Ob der Richter beim Besänftigen der Verfolger höhere Chancen hat als Ihr Anwalt, hängt davon ab, wie unseriös Ihr Anwalt vorher aufgetreten ist.

Kommt es auch mit Hilfe des Richters zu keiner Einigung mit den Gläubigern, dann können Sie ab sofort in der Privatinsolvenz Händchen halten. Der Richter stellt Ihnen fortan nämlich einen sogenannten *Treuhänder* zur Seite. Das ist jemand, der finanziell gesehen zwar ganz genau weiß, wie man eine Schleife bindet, Ihnen aber für die nächsten Jahre nur Schuhe mit Klettverschluss zur Verfügung stellt. Jemand, der aufpasst, dass Sie nicht auf zu großem Fuß leben. Jemand, der Ihnen die Gebräuche von Geld haben und Geld nicht haben für die Dauer Ihres Aufenthaltes in der Privatinsolvenz ein wenig näher bringt. Denn jetzt beginnt die entscheidende Phase.

Endlich: der Antrag auf Eröffnung des Insolvenzverfahrens. Mit 13 Anlagen und 10 Ergänzungen. Nur zum Vergleich: Der Erstkontakt zur Fremdenlegion ist einfacher.

Die Wohlverhaltensphase

Für die nächsten sechs Jahre* müssen Sie nun nämlich so leben wie die Menschen, deren Geld Sie außerhalb der Insolvenz auf den Kopf gehauen haben, ein Leben lang: entsprechend Ihren Verhältnissen. Sie verpflichten sich, keine neuen Schulden zu machen. Sie verpflichten sich, alles, was über Ihr Existenzminimum hinausgeht, zu benutzen, um Ihre Schulden zu bezahlen. Sie verpflichten sich, dass alles, was Sie drinnen verdienen und was Ihnen gehört, in den nächsten sechs Jahren dazu genutzt wird, um Ihre Gläubiger draußen zufriedenzustellen.

Und falls Ihr Ehepartner sich nicht längst von Ihnen getrennt haben sollte, entwickeln Sie auf einmal ein ganz neues, herzliches Verhältnis zueinander. Das ist zumindest bei den meisten Menschen der Fall, die als Selbstständige in die Privatinsolvenz gehen, etwa als Werber, Künstler, Moderator oder Chef der eigenen Import-Export-Firma.

---

* Seit 2020 beträgt die Wohlverhaltensfrist nur noch drei Jahre.

Ihrem Ehepartner gehört nämlich auf einmal wie durch Zauberhand all das, was Sie immer als Ihres ausgegeben haben. Zumindest sobald ein Gläubiger nachfragt. Ihr Ehepartner führt auf einmal eine Firma, die Ihrer alten sehr ähnlich ist. Ihr Ehepartner zahlt Ihnen als Geschäftsführer dieser Firma ein Gehalt, das dem Existenzminimum sehr ähnlich ist. Die Kunden dieser Firma sind Ihren alten Kunden sehr ähnlich. Insgesamt ist Ihr neues Leben Ihrem alten sehr ähnlich. Und endet nach sechs Jahren mit der sogenannten *Restschuldbefreiung.*

Die Restschuldbefreiung

Wenn Sie es wirklich geschafft haben, sich sechs Jahre lang nicht von Ihrem Ehepartner zu trennen, und in dieser Zeit keine neuen Schulden (zumindest nicht auf Ihren Namen) gemacht haben, dann steht am Ende dieser *Wohlverhaltensphase* die sogenannte *Restschuldbefreiung,* der Grund, dessentwegen sich der Aufenthalt in der Privatinsolvenz so sehr lohnt.

Der Name Restschuldbefreiung ist ein wenig irreführend. Hatten Sie vor der Einreise in die Privatinsolvenz, also vor sechs Jahren, noch Schulden bei Ihrem Feinkosthändler, dann, ja … haben Sie die nach der Ausreise im Grunde noch immer. Sie können Ihrem Feinkosthändler jetzt aber das Argument der Restschuldbefreiung vor die Nase halten und sagen: »Die muss ich nicht mehr bezahlen, ätsch, ich war in der Privatinsolvenz.« So will es der Rechtsstaat.

Das hat zunächst zwei wichtige Auswirkungen für Ihr Leben nach der Insolvenz:

1. Sie müssen die alten Schulden nicht mehr bezahlen.
2. Die Hunde von der Schufa dürfen aber weiterhin bellen, wenn Sie sich etwas auf Pump kaufen wollen.

Ihr Schufa-Eintrag ist nämlich noch nicht gelöscht. Und solange Sie noch Ihren Schufa-Eintrag haben, müssen Sie weiterhin Ihre Handyverträge über die Firma Ihres Ehepartners abschließen lassen. Kurz gesagt: Die Reise in die Privatinsolvenz hat Sie verändert. Aber davon müssen Sie die Zurückgebliebenen nach Ihrer Reise erst noch überzeugen. Und das dauert. Exakt drei weitere Jahre.

Die Löschung des Schufa-Eintrags

Denn zivilrechtliche Schulden verjähren nach drei Jahren. Drei Jahre nach Ende der Wohlverhaltensphase muss deswegen auch die Schufa ihre Einträge über Sie löschen. Kein Hund wird mehr bellen, wenn Sie jetzt wieder fremder Leute Geld ausgeben wollen. Und jetzt können Sie wieder alles tun, was Sie in den letzten neun Jahren nicht konnten: sich von Ihrem Partner trennen, in eigenem Namen finanziell völlig über die Stränge schlagen und sich das neueste iPhone auf Pump kaufen, um der Welt zu twittern, zu simsen und zu facebooken, dass Sie der coolste Hecht im Karpfenteich sind.

Dauer

Planen Sie für Ihren Aufenthalt in der Privatinsolvenz also Zeit ein: sechs Jahre für die Wohlverhaltensphase, drei weitere Jahre für die Löschung des Schufa-Eintrags und – je nach Reisevorbereitung – ein bis zwei Jahre, um überhaupt reingelassen zu werden. Alles in allem also rund zehn Jahre.

Nur zur Erinnerung: Bei der Fremdenlegion beträgt die Mindestverpflichtungszeit lediglich fünf Jahre.

Klugscheißerwissen, das Sie in jede Diskussion zum Thema Privatinsolvenz einwerfen sollten

Privatinsolvenz

Ein Ausweg für die Zustände »pleite«, »bankrott« oder »finanziell die Hufe in der Luft haben«. Durch die Privatinsolvenz muss man nach sechs Jahren ohne neue Schulden seine alten nicht mehr begleichen und ist diese nach weiteren drei Jahren los.

Eidesstattliche Versicherung

Wurde früher Offenbarungseid genannt und ist das beeidete Eingeständnis vor dem Gerichtsvollzieher, dass Sie zahlungsunfähig sind.

Die Schufa

Abkürzung für »Schutzgemeinschaft für allgemeine Kreditsicherung«, eine Mischung aus Finanz-Stasi und Petze: Sie erstellt Listen, wer kein Geld mehr hat, und verrät deren Inhalt auf Anfrage zahlenden Kunden.

Die Wohlverhaltensphase

Sechs Jahre, in denen Sie vom finanziellen Existenzminimum leben und alles, was Sie darüber hinaus verdienen, nutzen müssen, um Ihre Schulden zu bezahlen. Es ist hier in erster Linie der gute Wille, der zählt und zahlt. Nach sechs Jahren müssen Sie die Restschulden nicht mehr begleichen – egal, wie hoch diese noch sein mögen.

Die Grundrechte

Kurzzusammenfassung aller Grundrechte

Art. 1 Macht doch, was ihr wollt.
Art. 2 Kommt euch dabei nicht in die Quere.
Art. 3 a) Wenn ihr euch doch in die Quere kommt, macht ihr halt ein bisschen mit Standgas, was ihr wollt.
b) Aber macht es!

Grundsätzliches

Grundrechte haben zwei Funktionen:

a) Es sind Abwehrrechte. Sie sollen einem in allen Lebensbereichen Schutz vor staatlichen Eingriffen geben.
b) Sie bieten einem eine wunderbare Möglichkeit, aus jedem Lebensbereich heraus eine Grundrechtsdiskussion zu führen. Einfach, weil jeder Lebensbereich von einem Grundrecht abgedeckt ist.

Wenn man in Grundsatzdiskussionen über das Leben, die Freiheit, die Religion oder nur den nächsten Streik der Bundesbahn argumentativ mithalten möchte, dann sollte man also immer mal wieder ein paar Grundrechtskenntnisse einwerfen. Dafür sollte man sich die Grundrechte vorher grundsätzlich mal grob angeschaut haben. Das muss aber nicht übereilt geschehen. Denn die Grundrechte laufen Ihnen nicht weg. Sie sind auf ewig garantiert. Das nennt sich Ewigkeitsgarantie (Art 79 Abs. 3 GG).
In einem Land, in dem sowohl die Versprechen eines tausendjährigen Reiches als auch einer in hundert Jahren noch stehenden Mauer sehr zeitnah gebrochen worden sind, sollte man bei Ewigkeitsgarantien allerdings zu Recht skeptisch sein – auch wenn die zeitlich begrenzten und letztlich unerfüllten Versprechungen

von Reich und Mauer von Diktaturen gegeben wurden. Auf die Ewigkeitsgarantie des Rechtsstaates ist deshalb – hoffentlich – ein wenig mehr Verlass.

Die Grundrechte garantieren dem einzelnen Menschen ein Leben, in dessen elementare Bereiche der Staat nicht störend eingreift, sondern die er zu schützen hilft. Die Verfasser des Grundgesetzes hatten dabei das sehr schmeichelhafte Bild eines selbstbestimmten, verantwortungsvollen Menschen vor Augen. Zu diesem Zeitpunkt gab es allerdings noch kein RTL, keine *BILD*-Zeitung und kein Facebook.

Grundgesetz oder Verfassung?

Dass unsere Verfassung nicht »Verfassung«, sondern »Grundgesetz« heißt, hat den gleichen Grund, warum sich die Insel Föhr als »die Karibik der Nordsee« bezeichnet. Es bringt eine gewisse Sehnsucht zum Ausdruck. Bei der Insel Föhr ist es die Sehnsucht nach Sonne, warmem Wasser und touristischer Überbewertung. Bei unserer Verfassung war es die Sehnsucht nach einer Wiedervereinigung.

Auf den ersten Horch klingt das absurd. Auf den zweiten auch. Aber wenn man weiß, dass drei Dinge wichtig sind, um einen Staat zu gründen, nämlich

- ein Staatsgebiet,
- ein Staatsvolk,
- eine die Staatsgewalt regelnde Staatsverfassung,

dann macht die Unterscheidung zwischen Grundgesetz und Verfassung durchaus Sinn.

Den Gründern unseres Rechtsstaates, der Bundesrepublik Deutschland, war es wichtig, nicht aus Versehen zwei deutsche Staaten entstehen zu lassen und damit eine Wiedervereinigung zu erschweren. Die beiden Kriterien Staatsgebiet, Staatsvolk und in Teilen auch Staatsgewalt waren mit den Grenzen der westlichen Besatzungszonen und dem darin lebenden Völkchen frühzeitlicher, sich mehr und mehr selbst verwaltender Wessis bereits erfüllt. Hätte sich dieses Volk für sein Gebiet nun auch noch eine eigene Verfassung gegeben, dann wäre damit – aus Versehen – ein westdeutscher Staat entstanden. Das wollten die Gründerväter aber nicht. Sie wollten auf lange Sicht einen gesamtdeutschen Staat haben. Deshalb haben sie die Verfassung Grundgesetz genannt und damit zunächst einmal absichtlich ein Provisorium erschaffen.

Das Grundgesetz wurde vom 1. 9. 1948 bis zum 8. 5. 1949 erarbeitet. Im Museum König in Bonn. Sollten Sie sich nicht nur für den Rechtsstaat, sondern auch für ausgestopfte Opossums interessieren, dann ist das Museum König gleich zweifach eine Reise wert. In diesem zoologischen Forschungsmuseum standen und stehen sehr viele ausgestopfte Tiere, von denen man sich beim Grundgesetz-Erfinden durchaus ablenken lassen kann. Trotzdem hat der dazu berufene Parlamentarische Rat – das waren 65 Vertreter aller damaligen, westlichen Bundesländer unter dem Einfluss der Siegermächte USA, Großbritannien und Frankreich – nur diese gut fünf Monate gebraucht, um das wichtigste Gesetzeswerk der neuen Bundesrepublik zu erarbeiten. Versuchen Sie bitte heute zum Vergleich einmal, in der gleichen Zeit eine Baugenehmigung für einen Carport zu

bekommen. Entweder wurde früher von Behördenseite einfach schneller gearbeitet, oder die Wichtigkeit von Carports im Vergleich zu schnöden Verfassungen wird landläufig unterschätzt.
Das Provisorium Grundgesetz hat dann doch ein Weilchen sehr erfolgreich gehalten – bis zur Wiedervereinigung am 3. 10. 1990. Zwar ist es jetzt de facto unsere Verfassung, nennt sich aus nostalgischen Gründen aber weiterhin Grundgesetz. Auch das ist wieder wie bei der Insel Föhr. Sie ist bei jedem Wetter ein traumhaftes Urlaubsziel – behauptet aber weiterhin standhaft, die Karibik des Nordens zu sein.

Die einzelnen Grundrechte

Die Grundrechte sollen garantieren, dass sich der Mensch im Rechtsstaat in allen Lebensbereichen frei entfalten kann. Ob er nun will oder nicht. Diese Bereiche sind:

- Art. 1: Die Menschenwürde an sich
  Sie sind Mensch. Sie haben Würde. Niemand darf Ihnen das nehmen.
- Art. 2: Die freie Entfaltung der Persönlichkeit
  Niemand darf Ihnen verbieten, mit einer Justin-Bieber-Frisur durch den Alltag zu laufen. Es muss aber auch niemand verstehen, warum Sie das tun.
- Art. 3: Die Gleichberechtigung
  Beim Grundrecht auf Gleichberechtigung handelt es sich im Grunde um zwei gleich wichtige Prinzipien: 1. Niemand darf

Gleiches ungleich behandeln. 2. Niemand muss Ungleiches gleich behandeln. Gehen Sie mit dem ersten Argument mal als Frau zu Ihrem Chef, und verlangen die gleiche Bezahlung wie Ihr männlicher Kollege. Ihr Chef wird dann das zweite Argument bringen und Ihnen sagen, Ihr Kollege verdient nicht als Mann mehr, sondern weil er besser arbeitet.

- ▹ Art. 4: Die Glaubens- und Gewissensfreiheit
  Niemand darf Ihnen einen Glauben verbieten. Und, noch viel besser, niemand darf Ihnen einen Glauben aufzwingen.
- ▹ Art. 5: Die Meinungs- und die Pressefreiheit
  Niemand darf Ihnen Ihre Meinung verbieten. Der Staat darf die Medien nicht zensieren. Es ist allerdings auch niemand dazu verpflichtet, eine eigene Meinung zu haben. Und jeder Redaktion steht es frei, aus politischer Korrektheit oder aus finanziellen Gründen Themen zu verschweigen oder Themen zu pushen.
- ▹ Art. 6: Der Schutz von Ehe und Familie
  Niemand darf Ihnen verbieten, den falschen Partner zu heiraten. Niemand darf Ihnen verbieten, mit diesem Partner Kinder zu bekommen. Im Gegenteil, der Staat belohnt selbst Ehen mit falschen Partnern finanziell. Bevor Sie allerdings Ihren Partner umbringen oder Ihre Kinder verwahrlosen lassen, greift der Staat ein.
- ▹ Art. 7: Das Schulsystem
  Der Staat beaufsichtigt das gesamte Schulwesen. Das ist eindeutig. Nicht ganz so eindeutig ist, welcher Teil des Staates dann für zu große Klassen, zu viele Fehlstunden, zu verdreckte Toiletten und zu schlechte Schulgebäude verantwortlich ist. Diese Probleme berühren zwar viele Grundrechte, haben aber mehr mit Föderalismus zu tun.

- Art. 8: Die Versammlungsfreiheit
  Niemand darf einem Deutschen verbieten, sich friedlich und ohne Waffen zu versammeln. Allerdings nur drinnen. Draußen müssen Sie das anmelden.
- Art. 9: Das Recht, Gewerkschaften zu gründen
  Niemand darf einem Deutschen verbieten, Vereine oder Gewerkschaften zu gründen. Völlig egal, ob das inhaltlich jedem passt. Genau das ist der Sinn eines Grundrechts.
- Art. 10: Das Briefgeheimnis
  Niemand darf Ihre Briefe lesen. Völlig egal, ob Sie das bei Facebook ganz anders ausleben.
- Art. 11: Die Freizügigkeit
  Niemand darf einem Deutschen verbieten, nach Wuppertal zu ziehen.
- Art. 12: Die freie Wahl von Ausbildung und Beruf
  Niemand darf einem Deutschen verbieten, Popstar werden zu wollen.
- Art. 13: Die Unverletzlichkeit der Wohnung
  Ihre Wohnung ist Ihr Königreich. Wer da reinwill, muss Sie um Erlaubnis fragen. Oder den zuständigen Richter.
- Art. 14: Das Recht auf Eigentum
  Niemand darf Ihnen Ihr Eigentum wegnehmen, egal, wie fragwürdig es zustande gekommen ist.
- Art. 15: Die Enteignung
  Art. 14 war teilweise gelogen: Wenn die Gesellschaft was davon hat, darf Ihnen auch Ihr Eigentum weggenommen werden. Allerdings unter sehr engen Voraussetzungen.
- Art. 16: Der Schutz vor Ausbürgerung und Auslieferung
  Niemand darf einem Deutschen seine Staatsangehörigkeit wegnehmen. Egal, wie lange er oder sie für den IS gekämpft hat.

- Art. 16 a: Das Asylrecht
  Wenn Sie politisch verfolgt sind, sind Sie hier herzlich willkommen. Ob Sie politisch verfolgt sind, wird aber herzlichst angezweifelt.
- Art. 17: Das Petitionsrecht
  Niemand kann Ihnen verbieten, Ihre Sorgen aufzuschreiben und an jede Behörde in Deutschland zu schicken. Landet der Brief beim Petitionsausschuss des Bundestages, wird er in der Regel sogar gelesen.
- Art. 19: Die Rechtsweggarantie
  Niemand wird verhindern, dass Sie Ihre rechtlichen Probleme von einem Richter klären lassen.

Ist Ihnen was aufgefallen? Es gibt Grundrechte, die gelten für alle. Und es gibt Grundrechte, die gelten für Deutsche. Erstere sind Menschenrechte, letztere sogenannte Deutschenrechte (nicht zu verwechseln mit rechten Deutschen).

Grundsätzlich gelten aber alle Grundrechte für alle – Deutsche und Nichtdeutsche. Ganz einfach schon deshalb, weil das Recht auf freie Entfaltung der Persönlichkeit so ziemlich das umfassendste Grundrecht ist und für alle Menschen gilt – unabhängig davon, dass Menschen im Detail von Staatsorganen unterschiedlich behandelt werden.

Die explizit durch Grundrechte geschützten Lebensbereiche betritt jeder Mensch jeden Tag im gesamten Leben, auch wenn es den meisten Menschen gar nicht bewusst ist.

Wenn Sie sich fragen, ob Sie als Hartz-IV-Empfänger nicht Anspruch auf ein Trekkingrad haben könnten (Menschenwürde), auf dem Sie gerne nackt in der Fußgängerzone (freie Entfaltung der Persönlichkeit) um den Koran-Stand der örtlichen Salafistengruppe (Religionsfreiheit) radeln würden, dann sind das grundrechtsrelevante Fragen.

Wenn Sie meinen, die NSA könne ruhig Ihre E-Mails lesen (Briefgeheimnis), wenn Ihr Nachbar meint, nicht die Polizei, wohl aber jedes Kamerateam in sein Schlafzimmer lassen zu wollen (Unverletzlichkeit der Wohnung), und wenn das öffentlich-rechtliche Fernsehen meint, für Milliarden GEZ-Gebühren Carmen Nebel finanzieren zu müssen, und ansonsten in den Nachrichtensendungen gerne einfach mal 20 Minuten aus der *BILD-Zeitung* vorlesen lässt (Pressefreiheit), dann betrifft das alles die Freiheit, garantierte Grundrechte zu nutzen oder es eben sein zu lassen.

Wenn Ihnen der Streik der Bahn oder der Lufthansa nicht gefällt, wenn der Innenminister potenzielle Terroristen gerne ihren deutschen Personalausweis wegnehmen will oder es einem Behördenleiter egal ist, ob Menschen, deren halbe Familie im Mittelmeer ertrunken ist, anschließend in Bielefeld von unqualifizierten Sozialversagern in verschimmelten Containern bewacht werden, dann ändert das nichts daran, dass Arbeitnehmern im Grundgesetz genau deshalb das Streikrecht, jedem Inhaber eines deutschen Personalausweises genau deshalb der Schutz vor Ausbürgerung und jedem Asylsuchenden genau deshalb das Asylrecht vom Staat garantiert wird. Und genau deshalb steht keines dieser Grundrechte zur Disposition irgendeiner Interessengruppe.

Wenn Sie grundsätzlich etwas unzufrieden sind, weil Sie mit einem ungeliebten Ehepartner in einer schrecklichen Stadt wohnen, um dort einer verhassten Arbeit nachzugehen, dann haben Sie eben von der grundrechtlich zugesicherten Ehefreiheit, dem Recht auf

Freizügigkeit und dem Recht auf freie Berufswahl freiwillig keinen Gebrauch gemacht. Sie könnten es aber noch!
Wenn Sie von staatlichem Handeln oder staatlichem Nichtstun in Ihren Grundrechten verletzt werden, dann können Sie dagegen klagen. Genau das ist Rechtsstaat. Deswegen sind ins Grundgesetz auch nur Grundrechte aufgenommen worden, die durch Gerichte durchgesetzt werden können. Ein Recht auf Friede, Freude, Eierkuchen, Arbeit für alle oder schöne Mitmenschen wäre zwar ebenso erstrebenswert, ist aber rein praktisch in dieser Systematik nicht durchsetzbar. Das bedeutet nicht, dass Friede, Freude, Eierkuchen, Arbeit und schöne Mitmenschen nicht auf anderem Wege vom Gesetzgeber erreicht werden könnten. Nur eben halt nicht als gut gemeintes Grundrecht.

Die Grenzen der Freiheit

So verschieden die einzelnen Grundrechte sind, haben sie doch eine gemeinsame Systematik, die sich mit drei Sätzen erklären lässt.

1. Jedes Grundrecht wird garantiert, sofern seine Ausübung kein anderes Grundrecht verletzt.
2. Die Ausübung eines Grundrechtes kann also die Ausübung eines anderen Grundrechts einschränken – das nennt sich Grundrechtsschranke.
3. Kein Grundrecht darf so eingeschränkt werden, dass es gar nicht mehr ausgeübt werden darf. Das nennt sich Schranken-Schranke.

Und weil es hier um Beschränkungen geht, nennt sich diese Problematik auch Schrankenproblematik. Am besten lässt sich diese beschränkte Problematik an einem Praxisbeispiel erläutern.

Koch! – Die Kulinaristen erobern die Welt

Der 24-jährige Daniel (D) ist leicht dicklich, hat nur spärlichen Bartwuchs und noch weniger Freunde. Er beschließt, eine eigene Religion zu gründen, um als Konvertit vollends in ihr aufzugehen und seinem Leben einen Sinn zu geben. Nach zwei mit Ego-Shooter-Spielen durchwachten Nächten, in denen er bei Energiedrinks und Chips gefastet hat, redet er sich eine Vision ein:

Er glaubt fortan, einer seiner Vorfahren hätte vor ein paar Hundert Jahren davon geträumt, er wäre auf einen Berg gestiegen. Auf dem Berg hätte ihm ein großer Koch, der den Berg und überhaupt alles geschaffen hat, der aber postalisch nicht auf der Erde zu erreichen ist, zehn Kochrezepte in die Hand gedrückt. In einem grundsätzlichen Gespräch über dies und das und den Lauf der Welt hat der Koch dem Vorfahr dann mitgeteilt, dass diese zehn Rezepte eine enorme Verbesserung der Lebensqualität mit sich bringen würden. Während des Gesprächs wuchs dem Vorfahr des D ein ziemlich langer Bart. Der gesamte Traum wirkte sehr lecker, und deshalb gründet der Vorfahre von D auf Basis der zehn traumhaften Rezepte die Religion der Kulinaristen.

Ein paar Hundert Jahre später hat dann ein weiterer Vorfahre diese zehn Rezepte aus dem Traum auf dem Berg in wachem Zustand auch einmal wortgetreu aufgeschrieben. Das Buch ist leider verschollen. Aber D schreibt es noch in derselben Nacht aus dem Visionengedächtnis heraus auf.

D fühlt sich nun verpflichtet, sich im Rahmen seiner Möglichkeiten auch selber einen Vollbart wachsen zu lassen, nur noch mit Kochmütze aus dem Haus zu gehen, diese Rezepte zehn Mal am Tag zu kochen und sie auch allen anderen Menschen schmackhaft zu machen.

Deswegen verteilt er zusammen mit anderen bekehrten Kulinaristen mit lustigen Kochmützen in der Fußgängerzone kostenlos Kochbücher mit diesen zehn Rezepten. Um den großen Koch aus dem Traum seines Vorfahren zu ehren und weil man nur so – wie alle Vorfahren glaubhaft versichert haben – glücklich leben und die Hoffnung bewahren kann, nach dem Tod einen leckeren Nachtisch zu bekommen.

Das Grundrecht

Im Rahmen der Religionsfreiheit hat der Staat diese »Koch!«-Aktionen nicht nur zu tolerieren, sondern ihnen für ihre Missionierungsmission auch einen geeigneten Platz in der Fußgängerzone zur Verfügung zu stellen.

Die Schranke

Wenn D und seine Koch!-Lümmels jetzt aber anfangen, alle anderen Menschen, die ihr Essen nach anderen Rezepten kochen, zu jagen und zu töten, um sie als Zutaten für ihre zehn Rezepte zu

verwenden, dann schränkt das wesentliche Grundrechte aller anderen ein.
D kann seine Religionsfreiheit in diesem Punkt deshalb nur beschränkt ausüben. Die Schranke wird seinem Kulinarismus dort gesetzt, wo Ungläubige in der Praxis zu Nahrungsergänzungsmitteln reduziert werden. Auch wenn D noch so nachdrücklich versichert, der Koch aus dem Traum auf dem Berg habe das aber vor ein paar Hundert Jahren genauso gewollt.

Die Schranken-Schranke

Wenn jetzt aber alle anderen Menschen verlangen, Ds Religion müsse komplett verboten werden, so würde er dadurch in seiner Religionsausübung nicht nur beschränkt werden, sondern sie würde ihm unmöglich gemacht. Was D glaubt, kann und sollte anderen aber völlig egal sein. Auch bei Beschränkung seiner Religionsfreiheit im Handeln muss D zumindest erlaubt sein, daran zu glauben und dafür zu beten, Ungläubige kochen zu dürfen.
So einfach ist es im Rechtsstaat, eine Religion zu gründen und auszuleben. Und wenn sich alle Menschen an diese Regeln halten würden, gäbe es in unserem Rechtsstaat keine religiös bedingten Konflikte mehr. Welchem Gott auch immer sei Dank!

Verwirkung von Grundrechten

Unser Grundgesetz sieht die Möglichkeit vor, einem Menschen Grundrechte durch das Bundesverfassungsgericht entziehen zu lassen, wenn er sie (zum Beispiel die Pressefreiheit, die Versammlungsfreiheit oder das Asylrecht) zum Kampf gegen die freiheitlich-demokratische Grundordnung missbraucht. Tatsächlich ist dieser Grundrechtsentzug bislang allerdings noch kein einziges Mal vorgekommen.

Klugscheißerwissen, das Sie in jede Diskussion zum Thema Grundrechte einwerfen sollten

Grundrecht

Grundrechte sind die in der Verfassung garantierten Abwehrrechte des Bürgers gegen den Staat. Grundrechte für alle heißen Menschenrechte. Grundrechte nur für Deutsche heißen Bürgerrechte. Leute, die immer recht haben, heißen Querulanten.

Grundrechtsschranke

Kein Grundrecht darf so ausgeübt werden, dass es die Ausübung des Grundrechts eines anderen unmöglich macht.

Schranken-Schranke

Kein Grundrecht darf durch ein anderes Grundrecht so eingeschränkt werden, dass es selber keinen Schutz mehr bietet.

Die Verfassungsbeschwerde

Kurzzusammenfassung aller Regeln

§ 1 Das Bundesverfassungsgericht dient der Versöhnung, nicht der Vergeltung.

§ 2 Der Satz »Ich geh bis nach Karlsruhe« ist völliger Humbug.

§ 3 Die Verfassungsbeschwerde ist in der Regel kostenlos und in 98 Prozent der Fälle auch umsonst.

»Ich geh bis nach Karlsruhe!«

Wenn Ihnen jemand androht, er wird Sie in Grund und Boden klagen, und wenn er dafür bis zum Bundesverfassungsgericht nach Karlsruhe gehen muss, dann hat dieser Jemand zwar minimales Basiswissen, aber ansonsten ziemlich einen an der Klatsche.

Zunächst mal: Das Bundesverfassungsgericht sitzt tatsächlich in Karlsruhe. Der Rest ist Humbug. Kein Mensch *geht* nach Karlsruhe. Egal, wo genau er da hinwill. Selbst zum Bundesverfassungsgericht kann man ab Karlsruhe Hauptbahnhof bequem die Stadtbahnlinien S1 oder S11 bis Haltestelle Herrenstraße nehmen.

Und dem Bundesverfassungsgericht ist es ziemlich egal, worüber sich zwei Privatpersonen streiten. Das Bundesverfassungsgericht ist nämlich – entgegen einer landläufigen Annahme – nicht das Bundesvergeltungsgericht. Es ist nicht die V2 des Gerichtsweges: Es handelt sich hier nicht um die letzte und größte Waffe in einem ansonsten verlorenen Krieg. Juristen drücken dies anders aus. Juristen sagen: Das Bundesverfassungsgericht ist keine »Superrevisionsinstanz«. Das letzte reguläre Rechtsmittel auf dem ganz normalen Rechtsweg im Streit zwischen zwei Parteien ist nun mal die Revision. Fertig.

Was also macht das Bundesverfassungsgericht dann den ganzen Tag lang?

Vor Gericht endlich mal rot sehen dürfen

Nun, zunächst einmal hat das Bundesverfassungsgericht eine modische Funktion. Niemand trägt so schicke Roben wie die Verfassungsrichter. Damit nicht alle Menschen vor Gericht schwarzsehen, tragen die Richter dort nämlich Rot. Ob es tatsächlich beruhigender ist, vor Gericht rotzusehen, ist eine ganz andere Frage. Die Farbe Rot hat sich seit dem Mittelalter stetig ihren Platz im Justizalltag erkämpft. Damals wurde ein roter Wimpel gehisst, um anzuzeigen, dass Gerichtstag gehalten wurde. Todesurteile wurden in Rot verfasst. Und der Henker, der dieses Urteil zu vollstrecken hatte, musste sich auch privat durch Zeichen auf seiner Kleidung als Henker zu erkennen geben. Dazu passte er sein Äußeres dem Inneren seiner Klientel an: Er trug Blutrot, zumindest als Aufnäher auf seiner Kleidung oder als Mütze.

Das alles mögen Gründe dafür gewesen sein, warum sich zunächst einmal die Richter des Bundesgerichtshofes, letzte Instanz des Rechtsweges und ebenfalls in Karlsruhe, 1950 rote Roben als Kleidungsstück ihrer Wahl ausgesucht haben. Das Bundesverfassungsgericht hat sich bei seiner Gründung ein Jahr später dann erst einmal der Sammelbestellung beim Juristenausstatter angeschlossen. Um sich als Verfassungsorgan optisch vom Bundesgerichtshof abzugrenzen, wurde dann relativ zeitnah ein Robenbeauftragter ernannt, der die Robe in ihrer heutigen Form entwickelte: nicht bloß rot, sondern scharlachrot, angelehnt an die Richtertracht in Florenz im 15. Jahrhundert. Diese scharlachroten Florentinerroben tragen die Verfassungsrichter nun seit 1963. Der Muff unter den Talaren in Karlsruhe ist somit nicht annähernd tausend Jahre alt, sondern gerade einmal 50.

Vor Gericht nicht nur recht, sondern Grundrecht bekommen

Neben dem Tragen optisch wertvoller Funktionskleidung hat das Bundesverfassungsgericht durchaus noch einen tieferen Sinn: Es hütet die Verfassung. Während alle anderen Gerichte in Deutschland die Funktion haben, dass die dort erscheinenden Parteien manchmal recht, immer aber ein Urteil bekommen, sorgt das Bundesverfassungsgericht dafür, dass dort manchmal das Recht, immer aber die Grundrechte gewahrt werden. Anlass dafür ist eine ganz besondere Spezialität: die Verfassungsbeschwerde. Im Jahre 2013 wurden rund 6500 Verfassungsbeschwerden beim Bundesverfassungsgericht in Karlsruhe eingereicht.

Dabei handelt es sich nicht um die Klage der in der Regel in der zweiten Lebenshälfte befindlichen Richter und Richterinnen über ihre Tagesverfassung (»Wie geht's?« – »Ja, muss ja«), sondern damit beschwert sich der Träger von in der Verfassung garantierten Grundrechten darüber, dass diese Grundrechte durch einen Akt der öffentlichen Gewalt verletzt worden sind und der Rechtsweg erschöpft ist.

Die Grundrechte in der Verfassung stehen in den Artikeln 1 bis 19 (siehe voriges Kapitel), grundrechtsgleiche Rechte in den Artikeln 20 Abs. 4, 33, 38, 101, 103 und 104. Ein Akt der öffentlichen Gewalt kann alles sein vom Bußgeldbescheid über ein Gerichtsurteil bis hin zu einem Gesetz. Ein erschöpfter Rechtsweg ist kein Burnout des Rechtsstaates, sondern bedeutet, dass kein weiteres Gericht sich mehr mit der Sache befassen wird, weil alle in Betracht kommenden Gerichte bereits negativ entschieden haben.

Der gesamte Vorgang lässt sich sehr einfach an einem – bis auf die Rahmenhandlung – realen Sachverhalt erläutern.

Beispielfall: Die Muslima, die Prinzessin, der Vater und der Anwalt

Eine Muslima, eine Prinzessin, ein sechsfacher Vater und ein Rechtsanwalt treffen sich zufällig auf dem Dach eines Hochhauses, weil alle vier ihrem Leben ein Ende bereiten wollen. Es entsteht ein kleiner Disput darüber, wer zuerst springen darf. Schließlich bietet der Rechtsanwalt im Rahmen eines kostenlosen Erstgespräches folgende Lösung an: Der Verzweifeltste solle zuerst springen. Dafür müssen aber alle erzählen, warum sie so verzweifelt sind.

Die Muslima fängt an. Sie ist Lehrerin an einer Schule in Nordrhein-Westfalen. Als Muslima trägt sie im Unterricht Kopftuch. Dies ist laut Schulgesetz verboten, weswegen sie eine Abmahnung bekommen hat. Gegen die Abmahnung hat sie geklagt: vor dem Arbeitsgericht, vor dem Landesarbeitsgericht und vor dem Bundesarbeitsgericht. Alle drei Gerichte hielten die Abmahnung für rechtmäßig. Jetzt weiß die Lehrerin nicht mehr weiter und will springen.

Die Prinzessin sagt, das sei ja wohl Pillepalle. Sie selbst sei in der Vergangenheit mehrfach von Paparazzi in der freien Natur mit ihren Kindern fotografiert worden. Diese Bilder seien dann für teuer Geld an die Boulevardpresse verkauft worden. Sie, die Prinzessin, sei deswegen gegen ein Boulevardblatt vor Gericht gezogen. Leider habe sie in drei Instanzen gegen das Boulevardblatt verloren. Das Leben als Prinzessin mache bei solchen Urteilen keinen Spaß mehr. Sie will es beenden. Außerdem heirate sie immer die falschen Männer.

Der Vater ist der Ansicht, angesichts der Schicksale der beiden Damen dürfe er mit seiner Geschichte ja wohl als Erster springen, mit fünf Meter Anlauf und mit einer halben Stunde

Vorsprung: Er habe sechs Kinder, eines musikalischer als das andere. Eine seiner Töchter habe erst neulich wieder wunderschön Klavier gespielt. An einem Sonntag. Da kam die Polizei vorbei und hat nicht etwa applaudiert, sondern 50 Euro Bußgeld gegen den Vater verhängt, damit das Geklimper endlich aufhöre. Der Polizist fand es nämlich zu laut. Gegen diesen Bußgeldbescheid hat der Vater Widerspruch eingelegt und vor dem Amtsgericht und dem Kammergericht in Berlin geklagt. Alles vergeblich. In einer solchen Welt lohne es sich nicht zu leben.

Muslima, Prinzessin und Vater warten nun gespannt auf die Geschichte des Anwaltes. Dieser tritt erst mal zwei Meter vom Rand des Hochhauses zurück und sagt dann: Eigentlich wollte ich heute vom Dach springen, weil ich in den letzten Jahren beruflich völlig erfolglos war und jede von mir eingereichte Verfassungsbeschwerde verloren habe. Aber jetzt, wo ich euch getroffen habe, schöpfe ich endlich wieder berufliche Hoffnung. Euch allen dreien kann geholfen werden. Durch mich. Lasst uns alle schnell in meine Kanzlei fahren und dort drei schöne Verfassungsbeschwerden aufsetzen, um eure Verzweiflung zu beenden.

Auch für einen Selbstmordkandidaten ist es keine gute Idee, einen aussichtsreichen Sprungplatz auf dem Dach aufzugeben, um einem depressiven, nach eigenen Angaben völlig erfolglosen Anwalt in dessen Kanzlei zu folgen. Zum Glück lassen sich die Hoffnung spendenden Vorteile einer Verfassungsbeschwerde aber auch schnell auf dem Dach erläutern.

Allen drei Sprungkandidaten wurde das Leben schwer gemacht. Die Frage ist nur: Von wem? Der Muslima wurde das Leben von ihrem Arbeitgeber, dem Land Nordrhein-Westfalen, schwer gemacht, der Prinzessin von der Boulevardzeitung und dem Vater vom Klavier. Ein Land ist bedingt etwas, eine Zeitung und ein Klavier sind überhaupt nichts, was sich für eine Verfassungsbeschwerde eignet. Also muss der Anwalt argumentativ präziser werden:

- Der Muslima wurde im Grunde nicht durch die Abmahnung des Arbeitgebers, sondern durch ein Gesetz, auf das sich die Abmahnung stützt, das Leben erschwert: Das Schulgesetz des Landes Nordrhein-Westfalen war mit seinem Kopftuchverbot Grundlage für die erteilte Abmahnung.
- Die Prinzessin will nicht vom Dach springen, weil es Boulevardzeitungen gibt, sondern weil sie sich im Kampf gegen den Boulevard mittlerweile drei abschlägige Urteile von drei aufsteigenden Instanzen eingefangen hat.
- Und der Vater leidet nicht am Klavier seiner Tochter, sondern am Bußgeldbescheid, den ihm dieses Klavier eingespielt hat.

Gesetze, Urteile und Bußgeldbescheide haben eines gemein: Sie sind Akte öffentlicher Gewalt, die möglicherweise einen Eingriff in die Grundrechte unserer drei Dachfreunde darstellen und damit Anlass für eine Verfassungsbeschwerde sein können.

- Bei der Kopftuchträgerin könnte ein Eingriff in die Religionsfreiheit aus Art. 4 GG vorliegen.
- Bei der fotogenen Prinzessin könnte dies ein Eingriff in das allgemeine Persönlichkeitsrecht aus Art. 2 I GG in Verbindung mit Art. 1 I GG sein.
- Bei dem Vater der Klavierspielerin könnte es sich um einen Eingriff in ein grundrechtsgleiches Recht handeln: hier ein Ver-

stoß gegen das Bestimmtheitsgebot aus Art. 103 II GG. Wenn ein Polizist etwas als »zu laut« empfindet und deswegen ein Bußgeld verhängt, könnte die Kategorie »zu laut« bestimmt zu unbestimmt sein.

Schließlich verbindet alle drei, dass ihnen auf dem normalen Rechtsweg keine weiteren Schritte mehr möglich sind. Sie haben sich ja schon bis zur Erschöpfung durch alle Instanzen geklagt. Damit sind nicht nur sie, sondern ist auch der Rechtsweg bei allen dreien erschöpft. Und damit eröffnet sich für das Trio tatsächliche eine verlockende Alternative zum Sprung vom Dach: die Straßenbahnfahrt nach Karlsruhe.

Wie legt man Verfassungsbeschwerde ein?

Zunächst einmal sollten die drei depressiven Beschwerdeführer spätestens jetzt das Dach verlassen und dem in Zukunft vielleicht erfolgreicheren Anwalt in die Kanzlei folgen. Dort legt es sich einfach gemütlicher Verfassungsbeschwerde ein.

Als seriöser Anwalt wird dieser seinen neuen Mandanten selbstverständlich zuallererst einmal erklären, dass eine anwaltliche Vertretung bei der Verfassungsbeschwerde überhaupt nicht vorgeschrieben ist. Das ist das Gleiche wie mit dem Zu-Fuß-Gehen: Kein Mensch zwingt Sie, mit Anwalt und Auto zum Bundesverfassungsgericht zu fahren. Sie wären halt nur schön blöd, wenn Sie dort alleine und zu Fuß hingehen.

Bevor Sie eventuell einen Termin in Karlsruhe bekommen, muss die Verfassungsbeschwerde allerdings schriftlich eingereicht und begründet werden. Das ist kein Hexenwerk. Schreiben Sie bei Bedarf einfach einen Brief an das

Bundesverfassungsgericht
Schlossbezirk 3
76131 Karlsruhe

mit dem Betreff »Verfassungsbeschwerde«. Der Brief muss folgende Angaben enthalten:

- den Hoheitsakt, gegen den sich die Beschwerde richtet,
- das Grundrecht, das durch den Hoheitsakt betroffen sein soll, muss zumindest beschrieben werden,
- eine Begründung, warum Sie glauben, dass der Hoheitsakt das Grundrecht verletzt,
- eine Beschreibung dessen, was Sie bereits in der Sache unternommen haben, mit Fotokopien aller Unterlagen, um darzulegen, dass der Rechtsweg erschöpft ist.

Das war's! So einfach geht Verfassungsbeschwerde. Sie muss nun innerhalb eines Monats nach der letzten Entscheidung, über die Sie sich aufregen, beim Bundesverfassungsgericht eingelegt werden. Und das Tollste daran: Das Ganze ist kostenlos!
Wenn das Bundesverfassungsgericht der Meinung ist, dass an Ihrer Verfassungsbeschwerde etwas dran ist, gibt es drei Möglichkeiten. Es kann

- die Verfassungswidrigkeit des angegriffenen Aktes feststellen,
- das betreffende Gesetz für nichtig erklären oder

- eine verfassungswidrige Entscheidung an ein zuständiges Gericht zurückverweisen.

Um den Beispielfall anhand der Realität zu lösen: Die Muslima, die Prinzessin und den Vater gibt es tatsächlich. Allerdings haben sich die drei nie auf einem Dach getroffen, denn keiner der drei war selbstmordgefährdet. Die geschilderten Problematiken betrafen sie aber tatsächlich, und über diese wurden wie folgt vom Bundesverfassungsgericht im Rahmen von Verfassungsbeschwerden entschieden:

Im Fall einer gegen das Kopftuchverbot klagenden, muslimischen Lehrerin hat das Bundesverfassungsgericht die entsprechenden Paragrafen im Landesschulgesetz, die pauschal das Tragen eines Kopftuches verboten, wegen Verstoßes gegen die Glaubensfreiheit für verfassungswidrig erklärt. Völlig unabhängig vom Einzelfall ist dieses pauschale Verbot jetzt zum Schutze der Grundrechte aller Betroffenen aus der Welt. Das heißt aber nicht, dass im Einzelfall das Tragen eines Kopftuches nicht doch verboten werden kann. Die gegen die Kopftuchträgerin ergangenen Urteile des Landesarbeitsgerichtes und des Bundesarbeitsgerichtes wurden aufgehoben und die Sache an sich zurück ans Landesarbeitsgericht verwiesen. Dort wird erneut darüber verhandelt werden, ob die Abmahnung gegen die Lehrerin rechtmäßig war. Nur darf das pauschale Verbot des Landesschulgesetzes dafür nicht mehr als Begründung herhalten.

Ob es der Lehrerin aus anderen Gründen verboten werden konnte, ihren Kopf mit einem Tuch zu bedecken, ist weiterhin eine offene Frage.

(Aktenzeichen 1 BvR 471/10 - - 1 BvR 1181/10)

Bei der Prinzessin handelte es sich um Caroline von Monaco, die gegen die Bildberichterstattung der *Bunten* vorging. Das Bundesverfassungsgericht hat auf die Verfassungsbeschwerde hin das letzte Urteil des Bundesgerichtshofes aufgehoben und die Sache dorthin zurückverwiesen. Das Bundesverfassungsgericht hat im Leitsatz des Urteils festgestellt, dass das allgemeine Persönlichkeitsrecht nicht nur zu Hause gilt, sondern auch in der Öffentlichkeit. Auch dies schützt nicht in erster Linie Prinzessin Caroline von Monaco, sondern das Grundrecht an sich. Unter diesem Gesichtspunkt musste der Bundesgerichtshof nun neu entscheiden.
(Aktenzeichen 1 BvR 653/96)

Und bezüglich des Vaters der klavierspielenden Tochter hat das Bundesverfassungsgericht festgestellt, dass es in der Tat gegen das Bestimmtheitsgebot verstößt, wenn ein akustisch ungeschulter Polizist aus dem Stegreif heraus entscheidet, ob das Klavierspiel eines Kindes zu laut ist oder nicht. Auch hier wurden die Urteile gegen den Vater aufgehoben und die Sache zur Neuentscheidung zurückverwiesen.
(Aktenzeichen 1 BvR 2717/08)

Das Hochhaus und der Anwalt waren natürlich frei erfunden. Kein Anwalt begeht Selbstmord, weil er eine Verfassungsbeschwerde nicht gewinnt. Denn traurige Realität ist: So kostenlos die Verfassungsbeschwerde auch sein mag, so umsonst ist sie auch. 98 Prozent aller Verfassungsbeschwerden haben keinen Erfolg.

Klugscheißerwissen, das Sie in jede Diskussion zum Thema Verfassungsbeschwerde einwerfen sollten

Adresse und Anfahrt

Bundesverfassungsgericht, Schlossbezirk 3
76131 Karlsruhe
Ab Karlsruhe Hauptbahnhof die Stadtbahnlinien S1 oder S11 bis Haltestelle Herrenstraße nehmen.

Rote Roben

Die Richter am Bundesverfassungsgericht tragen scharlachrote Roben, angelehnt an die florentinische Richtertracht im 15. Jahrhundert.

Superrevisionsinstanz

Ist das, was das Bundesverfassungsgericht nicht ist. Die Revision ist das letzte reguläre Rechtsmittel auf dem normalen Rechtsweg. Danach ist der Rechtsweg erschöpft. Das Bundesverfassungsgericht ist nicht dazu da, nach einer vergeigten Revision doch noch ein angenehmeres Urteil zu verkünden.

Voraussetzungen der Verfassungsbeschwerde

Verfassungsbeschwerde kann einlegen, wer von einem Akt der öffentlichen Gewalt (Verwaltungsakt, Urteil, Gesetz) in seinen Grundrechten (im wesentlichen Artikel 1–19 GG) verletzt worden ist und sich kein anderes Gericht mit diesem Problem beschäftigen will (Rechtswegerschöpfung).

Was das Bundesverfassungsgericht tut

- Die Verfassungswidrigkeit eines Aktes der öffentlichen Gewalt feststellen,
- ein Gesetz für nichtig erklären oder eine verfassungswidrige Entscheidung aufheben und den Fall an das zuständige Gericht zurückverweisen.

Kosten der Verfassungsbeschwerde

0 Euro.

Erfolgsquote der Verfassungsbeschwerde

Unter 2 Prozent.

Der Straftataufbau

Kurzzusammenfassung aller Regeln

§ 1 Wer nicht erwischt wird, kann nicht bestraft werden.

§ 2 Wer erwischt wird, kann nur dann bestraft werden, wenn er vorsätzlich, rechtswidrig und schuldhaft gehandelt hat.

§ 3 Wer vorsätzlich, rechtswidrig und schuldhaft gehandelt hat, wird nur dann bestraft, wenn er eine glückliche Kindheit, keine Alkoholprobleme und keine falschen Freunde hatte.

§ 4 All das vorausgesetzt: Wer tatsächlich bestraft wird, der gehört auch bestraft.

Hinter Gittern

Im Jahre 2013 gab es in deutschen Gefängnissen gut 56 000 Strafgefangene. Um diese Zahl in einen Zusammenhang zu setzen: Das sind 20 000 verirrte Seelen weniger, als der FDP 2013 zum Einzug in den Bundestag gefehlt haben. Gerade einmal 0,7 Prozent der Bevölkerung sitzt im Knast.

Ins Gefängnis zu kommen ist also noch schwieriger, als in den Bundestag einzuziehen. Warum eigentlich? Das Strafgesetzbuch ist doch voll mit Straftatbeständen, die zu den verschiedensten Freiheitsstrafen einladen?
Nun, um in den Bundestag zu kommen, muss man lediglich von deutschen Wählern gewählt werden. Um ins Gefängnis zu kommen, muss man von deutschen Richtern verurteilt werden. Und während Wähler sehr schnell urteilen, sind Richter beim Verurteilen sehr wählerisch. Eine Verurteilung kann nämlich nur dann erfolgen, wenn ein Straftäter einen Straftatbestand aus dem Gesetz rechtswidrig und schuldhaft verwirklicht hat. Die Elemente

- Tatbestand,
- Rechtswidrigkeit und
- Schuld

bauen aufeinander auf wie Klötzchen im Baukasten. Fehlt ein Klötzchen, fallen die anderen in sich zusammen. Vor Gericht versucht die Staatsanwaltschaft immer, alle drei Klötzchen übereinanderzustapeln. Die Verteidigung versucht, eines der Klötzchen aus dem Türmchen herauszureißen. Die Verteidigung muss der Staatsanwaltschaft also nur einen einzigen Fehler nachweisen. Die Staatsanwaltschaft muss hingegen alles richtig machen. Ihr Job ist also ungleich schwerer. Sie prüft deswegen von der ersten Strafanzeige an, ob die einzelnen Klötzchen bautauglich vorliegen. Daher landen auch nur 27 Prozent aller Strafanzeigen überhaupt vor Gericht. 73 Prozent gibt die Staatsanwaltschaft schon in der Vorprüfung keine Chance. Dafür führen vor Gericht aber auch fast 80 Prozent aller Anklagen zu einer Verurteilung.

Der Richter muss sich während des Prozesses jedes einzelne Klötzchen für sich und am Ende der Verhandlung alle Klötzchen zusammen anschauen. Stehen die Klötzchen am Ende als Turm da, gibt es eine Verurteilung. Steht das Türmchen nicht, gibt es einen Freispruch.

Nehmen wir folgendes lebensnahes Beispiel, um den Aufbau einer Straftat zu verdeutlichen:

Beispielfall: Meine Faust, mein Feind, dein Pech

Der 25-jährige Intensivtäter Mehmet-Klaus-Günther (M) hat zwei Fäuste, ähnlich viele Gehirnzellen und sieht überall Feinde. Eines Abends trifft eine seiner Fäuste auf einen seiner vermeintlichen Feinde: M schlägt dem ihm nicht näher bekannten Karl-Heinz-Semir (K) auf dem Parkplatz einer Diskothek auf die Nase, weil ihm diese nicht gefällt. Die Nase fängt an zu bluten.

K geht zum Arzt und erstattet anschließend Anzeige gegen M wegen Körperverletzung. M wird noch am selben Abend in der Diskothek verhaftet. M wendet sich an einen Anwalt und erbittet eine clevere Verteidigungsstrategie.

Ein guter Strafverteidiger würde M zunächst einmal raten, das nächste Mal zum Anwalt zu gehen, bevor er erwischt wird. Nachdem M dem Anwalt dann wahrheitsgemäß erzählt hat, was vorgefallen ist, wird der Anwalt ihm folgende, auf den ersten Blick völlig sinnlose Fragen stellen:

- ▹ Haben Sie einen vollen Terminplan?
- ▹ Haben Sie Angst vor Möwen?
- ▹ Sind Sie ungeschickt und taktlos?
- ▹ Sind Sie Arzt?
- ▹ War das Opfer hässlich?
- ▹ War das Opfer masochistisch veranlagt?
- ▹ Hat das Opfer Sie angegriffen?
- ▹ Gab es zum Zeitpunkt der Tat einen Meteoriteneinschlag direkt neben dem Opfer?
- ▹ Sind Sie jung?
- ▹ Sind Sie dumm?
- ▹ Waren Sie blau?

Mit jeder dieser Fragen hofft der Anwalt einen der Bausteine aus dem Straftatgebäude herauszuhauen – entweder den Tatbestand oder die Rechtswidrigkeit oder die Schuld – und damit die ganze Strafbarkeit zum Einsturz bringen zu können. Bleibt also die Frage: Ist das Nase-blutig-Schlagen jetzt strafbar oder nicht?

Der Tatbestand

Dazu müsste zunächst einmal ein Tatbestand erfüllt sein. Er steht im Strafgesetzbuch und beschreibt, woraus die Tat besteht. Um zum Beispiel wegen Körperverletzung bestraft werden zu können, muss der Täter etwas getan, zum Beispiel einen Körper verletzt haben. Ganz genau steht im § 223 StGB:

> *Wer eine andere Person körperlich misshandelt oder an der Gesundheit beschädigt, wird mit Freiheitsstrafe bis zu fünf Jahren oder mit Geldstrafe bestraft.*

Nicht ganz zu Unrecht kann man sich jetzt fragen, wo denn die Misshandlung oder die Gesundheitsbeschädigung anfängt. Ist ein Klaps auf die Schulter bereits eine körperliche Misshandlung? Ist ein misslungener Haarschnitt bereits eine Gesundheitsverletzung? Im Gesetz gibt es dazu keine Antworten. Diese geben deswegen Gerichte, an deren Definitionen sich der Jurist orientiert:

> *Eine körperliche Misshandlung ist eine substanzverletzende Einwirkung auf den Körper und jede üble unangemessene Behandlung, durch die das körperliche Wohlbefinden nicht nur unerheblich beeinträchtigt wird.*

Ein Klaps auf die Schulter ist also keine Körperverletzung. Ein Schlag ins Gesicht schon.

> *Eine Gesundheitsbeschädigung ist das Hervorrufen oder Steigern eines krankhaften Zustands körperlicher oder psychischer Art.*

Ein schlecht gezogener Scheitel ist somit keine Gesundheitsbeschädigung. Ein schlecht geschnittenes Ohr schon.

Wenn Ms Faust also so auf Ks Nase trifft, dass diese zu bluten anfängt, dann ist damit ganz objektiv der Tatbestand einer Körperverletzung zulasten von K erfüllt. Wenn die Faust vom M zum Tatzeitpunkt allerdings nicht auf dem Parkplatz der Diskothek war, sondern mit ihm zusammen an einem Meeting zum Thema »Restrukturierung von Prozessoptimierungsabläufen im Bereich der Außenkommunikation« teilgenommen hat, dann ist Ms Faust – und damit M – aus dem Schneider. Wenn M seinen Terminplan also ordentlich mit solchen Humbug-Terminen gefüllt hat und die anderen Teilnehmer sich an ihn erinnern, kann er den Tatbestand schwerlich zeitgleich verwirklicht haben. Genau deswegen werden solche zweifelhaften Meetings auch »Alibi-Veranstaltungen« genannt. Sorgen Sie also bei jedem Meeting dafür, in Erinnerung zu bleiben. Das ist zwar oft schlimm, aber meist weniger schlimm als Gefängnis.

Gehen wir aber mal davon aus, dass M nicht bei einem solchen Meeting war, sondern K stattdessen mit voller Wucht auf die Nase gehauen hat. Wird er deswegen gleich bestraft? Mitnichten. Denn zum einen sind wir hier erst beim Baustein »Tatbestand«, zum anderen ist auch der noch nicht zu 100 Prozent erfüllt. M hat bislang nämlich nur objektiv das getan, was im Gesetz steht. Er muss die Tat aber auch subjektiv gewollt haben. Sprich: Er muss vorsätzlich gehandelt haben. Vorsätzlich handeln bedeutet: Er muss gewusst und gewollt haben, dass Nase auf Faust gleich Aua ist. Intellektuell eine machbare Leistung.

Wenn M seine Faust aber gar nicht auf die Nase des K steuern, sondern bloß eine Möwe verscheuchen wollte, dann handelte M

eben nicht mit dem Vorsatz der Körperverletzung, und damit wäre eine Bestrafung wegen derselben schon mal vom Tisch. Als nächsten Straftatbestand könnte man nun eine fahrlässige Körperverletzung (§ 229 StGB) prüfen – dafür gibt es lediglich maximal drei Jahre Gefängnis oder eine Geldstrafe.
Aber gehen wir mal davon aus, M hat K mit voller Absicht auf den Riechkolben gehauen. Wird er jetzt endlich bestraft? Nein. Immer noch nicht. Denn noch fehlen die Bausteine »Rechtswidrigkeit« und »Schuld« in seinem Strafbarkeitsgebäude.

Die Rechtswidrigkeit

Von einem rechtswidrigen Verhalten wird immer dann gesprochen, wenn der Tatbestand einer Straftat verwirklicht worden ist, ohne dass ein Rechtfertigungsgrund dafür vorliegt.
Rechtfertigungsgründe im Strafrecht sind etwas anderes als Rechtfertigungen im privaten Umfeld. Die Sätze »Es ging nur um Sex«, »Es war nur das eine Mal« oder »Ich habe dabei die ganze Zeit nur an dich gedacht« sind in einem Strafprozess noch viel sinnloser als im Wohnzimmer. Einzig der Satz »Ich war so blau, ich wusste nicht mehr, was ich tat« hat bei der Beurteilung einer Straftat tatsächlich eine Bedeutung. Allerdings nicht bei der Rechtswidrigkeit, sondern bei der Schuld. Und die kommt erst weiter unten.
Strafrechtlich relevante Rechtfertigungsgründe sind vor allem:

- die Einwilligung des Opfers
- die Notwehr
- der Notstand

Die Einwilligung des Opfers

Wer eine Körperverletzung mit Einwilligung der verletzten Person vornimmt, der handelt nur dann rechtswidrig, wenn die Tat trotz der Einwilligung gegen die guten Sitten verstößt. So steht es in § 228 StGB. Ohne Rechtswidrigkeit gibt es keine Bestrafung. Mit einer Einwilligung kann also nicht bestraft werden.

Es gibt vor allem zwei Berufsgruppen, die ohne diese Möglichkeit einer rechtfertigenden Einwilligung dichtmachen könnten, weil ihre Mitarbeiter sich permanent im Knast die Klinke in die Hand geben würden: SM-Studios und Ärzte. Dass man bei Patienten überhaupt von einer Einwilligung zu einer Körperverletzung ausgeht, weil die Ärzte ansonsten mit einem Bein im Gefängnis stünden, ist zwar makaber, liegt aber am System des Aufbaus einer Straftat. Fast alles, was ein Arzt macht – die Spritze, das Nähen, eine Operation, die Gabe von Medikamenten mit Nebenwirkungen –, ist die gewollte Verwirklichung des Tatbestandes »Körperverletzung«. Da ein Patient aber gerade zum Arzt geht, um eine Spritze zu bekommen, um operiert zu werden oder um ein Medikament zu erhalten, willigt er in diese Körperverletzungen ein. Der Arzt handelt somit nicht rechtswidrig. Eine Strafbarkeit entfällt also. Wäre M Arzt und hätte K auf dessen Wunsch lediglich die hässliche Nase gerade gehauen, wäre die Strafbarkeitsprüfung an dieser Stelle zu Ende.

SM-Studios profitieren von der rechtfertigenden Einwilligung, weil ein bisschen Haue auf eigenen Wunsch schlicht und ergreifend vom Grundrecht auf freie Entfaltung der Persönlichkeit gedeckt ist. Egal, ob man dabei mit einer Gummimaske auf dem Kopf falsch rum an der Wand hängt oder nicht. Grundrecht ist Grundrecht.

Wollte sich K also lediglich durch ein wenig Nasenhaue sexuell erregen lassen, wäre M mangels Rechtswidrigkeit ebenfalls nicht zu bestrafen. Und auch Menschen, die sich einfach nur so gerne den Körper umgestalten lassen, können zu den dazu notwendigen Körperverletzungen ihre rechtfertigende Einwilligung erteilen: sei es im Tattoo-Studio, beim Piercing oder beim Branding. Absolut notwendig ist dabei aber, dass die Körperverletzung nicht gegen die guten Sitten verstößt. Gute Sitten sind wandelbar und nicht in Stein gemeißelt. Manchmal sind gute Sitten sogar regional unterschiedlich. Ein Verhalten, das im Allgäu zu ewiger Verdammnis führen würde, kann in Berlin ein trendiges Geschäftsmodell sein. Ganz allgemein kann aber gesagt werden, dass eine Körperverletzung trotz Einwilligung gegen die guten Sitten verstößt, wenn mit der Körperverletzung die Gefahr einer erheblichen Verletzung, Behinderung oder des Todes verbunden ist. Gehen wir an dieser Stelle einfach mal davon aus, K hat keine Einwilligung zu Ms Faust auf seiner Nase gegeben. Dass M deswegen bestraft wird, ist trotzdem noch lange nicht sicher.

Die Notwehr

Der bekannteste Rechtfertigungsgrund ist die Notwehr. Diese ist in § 32 StGB geregelt:

> *Wer eine Tat begeht, die durch Notwehr geboten ist, handelt nicht rechtswidrig.*
> *Notwehr ist die Verteidigung, die erforderlich ist, um einen gegenwärtigen, rechtswidrigen Angriff von sich oder einem anderen abzuwehren.*

Für den Laien hört sich das auf Anhieb verständlich an: Wer angegriffen wird, darf sich – auch mit einer Straftat – verteidigen und wird nicht bestraft, weil die Rechtswidrigkeit fehlt. Wenn M den K nur deshalb verprügelt hat, weil der K den M gerade verprügeln wollte, dann handelte M gerechtfertigt und bliebe somit straffrei. Für den Juristen muss das Ganze natürlich erst noch ausdefiniert werden:

Ein gegenwärtiger, rechtswidriger Angriff ist jede von einem menschlichen Verhalten ausgehende Bedrohung des Rechtsgutes, die unmittelbar bevorsteht oder andauert.

Wenn Sie mehrere Verteidigungsmöglichkeiten haben, dann sollten Sie die Verteidigung wählen, die am wenigsten in die Rechte des Angreifers eingreift. Eine Interessenabwägung muss allerdings nicht stattfinden.
Es wird deutlich, warum sich Anwälte gerne nach Stunden bezahlen lassen …

Was heißt das nun wieder?
Gehen wir davon aus, Sie entdecken einen Einbrecher in Ihrem Keller. Es liegt also ein rechtswidriger Angriff auf Ihr Eigentum vor. Sie haben eine von außen abschließbare Kellertür und eine durchgeladene Pistole. Sie könnten den Angreifer also entweder im Keller einsperren (was den Tatbestand der Freiheitsberaubung erfüllen würde) oder erschießen (was den Tatbestand des Mordes oder des Totschlages erfüllen würde). Ein in die Rechte des Einbrechers weniger einschneidender Eingriff wäre wohl die Freiheitsberaubung. Einschließen wäre also aus Notwehr gerechtfertigt. Sofort erschießen würde zu juristischen Diskussionen führen.

Hätten Sie keine von außen abschließbare Kellertüre, würde von Ihnen erwartet, dass Sie zunächst einen Warnschuss abgeben, damit der Einbrecher die Gelegenheit hat, seinen Angriff zu beenden. Tut er das nicht, dürften Sie ihn mangels Kellertür sogar erschießen.
Bevor Sie jetzt losrennen, Ihre Kellertür abmontieren und sich illegal eine Waffe besorgen, um den nächsten Einbrecher straffrei erschießen zu dürfen, seien Sie versichert: Notwehr macht keinen Spaß. Investieren Sie Zeit und Geld lieber in eine gute Alarmanlage.

Der Notstand

Ein weiterer Rechtfertigungsgrund ist der rechtfertigende Notstand nach § 34 StGB. Er unterscheidet sich von der Notwehr im Grunde durch zwei Dinge:

- Sie wehren keinen Angriff ab, sondern eine Gefahr.
- Sie müssen genau abwägen, ob das Rechtsgut, das Sie schützen wollen, die Straftat, die Sie begehen, auch wert ist.

Dazu zwei Beispiele:
Kein rechtfertigender Notstand:
Sie haben einen Friseurtermin. Jemand hat Ihre Garageneinfahrt zugeparkt, Sie kommen nicht mehr mit Ihrem Auto auf die Straße. Es besteht die gegenwärtige Gefahr, dass Sie Ihren Friseurtermin verpassen. Ein Taxi, ein Abschleppwagen oder ein schneller Fußmarsch würden daran nichts ändern. Also verteidigen Sie Ihr Recht auf freie Entfaltung Ihrer Persönlichkeit in sachkundigen Händen eines Friseurs, indem Sie Ihr Auto mit Vollgas gegen das

des Parksünders donnern und dessen Wagen damit aus Ihrer Garagenausfahrt wuchten. Es entsteht ein Sachschaden von mehreren Tausend Euro. Sie können Ihren Friseurtermin wahrnehmen. Sie haben einen Friseurtermin durch eine Sachbeschädigung verteidigt. Die Sachbeschädigung ist mit Sicherheit nicht durch rechtfertigenden Notstand gerechtfertigt.

Rechtfertigender Notstand:
Wenn Sie aber bei gleicher Parksituation Ihr bei einem Haushaltsunfall schwer verletztes Kind sofort in die nächste Klinik fahren wollen, weil jede Minute zählt und auf Krankenwagen oder Taxi nicht gewartet werden kann, dann sieht das Ganze schon anders aus. Das Leben Ihres Kindes überwiegt das Interesse eines Falschparkers an einem unverkratzten Fahrzeug.

Bezogen auf das Ausgangsbeispiel bedeutet das:
Sollte Ms Anwalt herausfinden, dass M dem K nur deshalb ins Gesicht geschlagen hat, damit dieser zurücktaumelt und so zwangsläufig einem Meteoriten ausweicht, der gerade auf die Stelle stürzte, auf dem das Opfer vorher stand, dann wäre die Tat aus rechtfertigendem Notstand gerechtfertigt. Gehen wir mal davon aus, es gab diesen Meteoriten nicht. Eine Bestrafung von M könnte trotzdem noch auf der Schuldebene verhindert werden.

Die Schuld

Im Strafrecht fragt man nicht: »Wer ist schuld?«, sondern: »Wer hat Schuld?« Dazu muss man allerdings zunächst die Frage klären: »Was ist überhaupt Schuld?« Die Bibel sagt dazu:

> »Wer mit Schuld beladen ist, geht krumme Wege.«

Sprüche 21,8

Biblisch gesehen, haben also Betrunkene und Einbeinige immer Schuld. Das sieht der Rechtsstaat – zu Recht – völlig anders. Der Bundesgerichtshof meint zum Thema Schuld:

> »Wer weiß, dass das, wozu er sich in Freiheit entschließt, Unrecht ist, handelt schuldhaft, wenn er es gleichwohl tut.«

BGHSt 2, 194, 201

GERICHTSURTEILE RICHTIG ZITIEREN

Das erste Zitat stammt aus der Bibel, dem Buch der Sprüche, Kapitel 21, Vers 8. Zitiert als Sprüche 21,8.
Das zweite Zitat stammt vom Bundesgerichtshof für Strafsachen (BGHSt). Dessen Urteile werden in fortlaufend nummerierten Bänden veröffentlicht. Ich zitiere aus dem zweiten Buch, aus einem Urteil, das auf Seite 194 beginnt. Das Zitat selbst findet sich auf Seite 201. Oder abgekürzt eben: BGHSt 2, 194, 201.
Für wissenschaftliches Arbeiten ist die Kenntnis der richtigen Zitierweise wichtig. Wenn Sie zum Beispiel eine Hausarbeit für den kleinen Strafrechtsschein schreiben oder aber Verteidigungsminister oder Bildungsministerin werden und bleiben wollen, ist der korrekte Umgang mit Zitaten ein notwendiges Übel. Wenn Sie lediglich ein unterhaltsames Sachbuch schreiben, Berater in einem Thinktank oder Botschafterin im Vatikan werden wollen, nicht.

Umgekehrt bedeutet dieses Zitat: Wer keine Ahnung hat, dass er Unrecht begeht, kann auch keine Schuld haben. Für »keine Ahnung« gibt es juristisch drei präzise Begründungen:

- Sie sind zu jung (§ 19 StGB).
- Sie sind zu dumm (§ 17 StGB, § 20 StGB).
- Sie sind zu blau (§ 20 StGB).

Und da Strafrecht eine ernste Angelegenheit ist, müssen Sie, um schuldunfähig zu sein und damit nicht bestraft werden zu können,

- richtig jung (unter 14 Jahren),
- richtig dumm (Sie sind krankhaft seelisch gestört, tiefgreifend bewusstseinsgestört, schwachsinnig oder seelisch abartig) oder
- richtig blau sein (als Faustregel gilt über 3 Promille, dazu aber mehr im Kapitel »Der Alkohol«).

Ein 15-jähriger, grenzdebiler Pubertätsversager kommt allenfalls noch in den Genuss der sogenannten »verminderten Schuldfähigkeit« (§ 21 StGB), weil er nur ein wenig jung, ein wenig dumm und ein wenig blau ist. Er wird bestraft – seine Strafe kann aber gemildert werden.

Und bezogen auf das Beispiel auf dem Diskothekenparkplatz: Sofern M unter 14 Jahren alt ist, nicht alle Buchstaben dieser Seite kennt und den Rest nicht lesen könnte, weil er vor Entzugserscheinungen sehr stark mit den Händen zittert, dann hat sein Anwalt damit die letzte Möglichkeit, den Baustein »Schuld« aus dem Aufbau der Straftat herauszulösen. Sollte keiner dieser Faktoren auf M zutreffen, dann sei ihm im Rahmen dieses Kapitels herzlichst gratuliert: Er hat sich durch den Schlag auf die Nase des K unter allen Gesichtspunkten des Rechtsstaates strafbar gemacht.
Fraglich ist jetzt, was er dafür bekommt.

»Geht es jetzt endlich in den Knast?« – Die Strafzumessung

Ob M wegen seiner vorsätzlich, rechtswidrig und schuldhaft begangenen Körperverletzung tatsächlich in den elitären Kreis der Straftäter, die auch wirklich ins Gefängnis kommen, aufgenommen wird, ist eine Frage der sogenannten »Strafzumessung«. Das Angebot an Strafen für böse Menschen ähnelt zunächst einmal dem eines Exotikfrüchtemarktes in der ehemaligen DDR: Es ist überschaubar. Für fast alle Straftaten gibt es entweder eine Geld- oder eine Freiheitsstrafe. Beide können ziemlich unterschiedlich ausfallen.

Die Geldstrafe

Wie hoch eine Geldstrafe sein kann, steht in § 40 StGB:

- Sie beträgt mindestens fünf Tagessätze, maximal 360 Tagessätze.
- Die Höhe des Tagessatzes richtet sich nach dem Nettoeinkommen des Täters pro Tag und beträgt mindestens 1 Euro, maximal 30 000 Euro.

Wenn Marco Reus 90 Tagessätze zahlen muss, weil er ohne Führerschein im Luxussportwagen erwischt wird, kommen dabei dann schnell mal 540 000 Euro zusammen (rechnerisch also 6000 Euro netto pro Tag). Wenn ein Harz-IV-Empfänger 90 Tagessätze zahlen muss, weil er ohne Führerschein und ohne Luxussportwagen irgendwobei erwischt wird, können auch mal nur 90 Euro zusammenkommen. Ob diese Regelung gerecht ist, ist eine ganz andere Frage. Für einen Harz-IV-Empfänger sind 90 Euro im Zweifel schmerzhafter als für Marco Reus eine Strafe von 540 000 Euro.

Die Freiheitsstrafe

Eine Freiheitsstrafe kann wiederum zweierlei bedeuten: Gefängnis oder Bewährung.

Gefängnis bedeutet: Gefängnis.

Bewährung bedeutet: Glück gehabt – du kommst *erst einmal* nicht ins Gefängnis. Wir gucken uns mal eine gewisse Zeit lang an, wie du dich weiterhin so verhältst. Diese Zeit nennt sich Bewährungszeit und kann mit Auflagen, zum Beispiel einer regelmäßigen Meldepflicht, verbunden sein. Zusätzlich wird einem ein Bewährungshelfer zur Seite gestellt. Sollte während dieser Bewährungszeit irgendein Spökes angestellt werden, dann wird die Bewährung widerrufen, und man landet doch im Knast. Und zwar für die Dauer der verhängten Freiheitsstrafe.

Die Länge der Freiheitsstrafe und die Bewährungszeit können sich unterscheiden. Jemand kann zu einem Jahr Freiheitsstrafe auf Bewährung verurteilt werden, die Bewährungszeit kann aber auch drei Jahre betragen.

Zwischen Gefängnis und Bewährung verläuft die magische Zweijahresgrenze: Eine Freiheitsstrafe von *über* zwei Jahren bedeutet *immer* Gefängnis. Wird eine Freiheitsstrafe von *bis zu* zwei Jahren verhängt, *kann* diese zur Bewährung ausgesetzt werden. Eine

Freiheitsstrafe von bis zu einem Jahr *soll* zur Bewährung ausgesetzt werden. Eine Freiheitsstrafe bis zu sechs Monaten *wird* zur Bewährung ausgesetzt.
Im Beispiel von M liegt das Angebot dessen, was er als Dank des Staates für seine Körperverletzung bekommen kann, also irgendwo zwischen fünf Tagessätzen und fünf Jahren Gefängnis. Das sind ziemlich viele Möglichkeiten bei der Strafzumessung.

Damit hat sich das Angebot des DDR-Exotikfrüchtemarktes wesentlich erweitert: Man kann als Strafe im Grunde alles bekommen, wenn man nur die richtige Währung auf den Tisch legt. Und die richtige Währung heißt bei der Strafzumessung: Argumente.
Nach § 46 des Strafgesetzbuches müssen bei der Bemessung der Strafe die Umstände, die für und gegen den Täter sprechen, gegeneinander abgewogen werden. Das läuft dann unter den Begriffen »mildernde Umstände« oder »verschärfende Umstände« und geschieht wie folgt:

Umstand	mildernd	verschärfend
Vorleben	▷ keine Vorstrafe ▷ keine einschlägige Vorstrafe ▷ ungünstige häusliche Verhältnisse	▷ viele Vorstrafen ▷ einschlägige Vorstrafen ▷ kriminelle Karriere
Tatmotiv	▷ unverschuldete Notlage ▷ alkoholische Enthemmung ▷ edle Motive	▷ Menschenverachtung ▷ gesteigerter Egoismus
Tatausführung	▷ kaum kriminelle Energie ▷ Mitläufer	▷ besondere Rücksichtslosigkeit ▷ Gefühlskälte
Folgen der Tat	▷ erheblicher eigener Schaden ▷ geringer Tatschaden	▷ hoher Tatschaden
Verhalten nach der Tat	▷ volles Geständnis ▷ Wiedergutmachung ▷ Entschuldigung ▷ positive Sozialprognose	▷ keine Mithilfe bei der Aufklärung ▷ keine Entschuldigung beim Opfer ▷ keine Verhaltensänderung in Sicht

Der Staatsanwalt muss in seinem Plädoyer auf alle Umstände – mildernd wie verschärfend – eingehen. Der Strafverteidiger muss lediglich für seinen Mandanten auf die Tränendrüse drücken und sich auf die mildernden Umstände konzentrieren. Mit anderen Worten: Wenn M keinen Vater, aber eine alkoholkranke Mutter hat, bislang nur wegen Diebstahl vorbestraft und bei der Tat betrunken war, sich vor seinen ebenfalls betrunkenen Freunden profilieren wollte, wenn das Opfer nur ambulant behandelt werden musste und M auf Anraten eines Anwaltes einen sehr kurzen, aber sehr rechtschreibfehlerbehafteten Brief mit den Worten »Tud mir Leit, was ich getahn hab« schrieb –, dann kann er aus der Nummer in der Tat mit einer sehr geringen Geldstrafe oder mit einer sehr geringen Bewährungsstrafe rauskommen. Völlig egal, wie lange das Opfer aufgrund des Zusammentreffens in Zukunft therapeutisch begleitet werden muss.

Wenn M allerdings aus geordneten Verhältnissen kam, nicht betrunken war, sich vor der Tat von seinen Freunden aus dem Geigenunterricht verabschiedet hat und mangels anwaltlicher Beratung auch keinen gelogenen Entschuldigungsbrief geschrieben hat – dann kann die Strafe durchaus höher ausfallen. In den Knast käme er aber tatsächlich nur, wenn er zum Beispiel während einer laufenden Bewährung wegen Körperverletzung erneut eine Körperverletzung begehen und sich jeglicher Zusammenarbeit mit den Behörden verweigern würde. Man muss sich halt schon anstrengen, um als Gewalttäter ein Gefängnis von innen zu sehen.

Die Abwägung mildernder und verschärfender Umstände kann mitunter zu absurden Ergebnissen führen:

Ein Jugendlicher, der einen anderen Menschen erst in der U-Bahn grundlos angreift und dann in den Tod hetzt, kann nach einer solchen Abwägung mit einer Bewährungsstrafe davonkommen, weil er bei seinen Eltern einzieht (positive Sozialprognose). Der Präsident eines Fußballvereins, der massiv Steuern hinterzogen, aber nie jemand anderen körperlich verletzt hat, kommt ins Gefängnis, weil er die Selbstanzeige nicht vollumfänglich ausgefüllt hat (keine Mithilfe bei der Aufklärung).

Dieses Verhältnis von Einzelurteilen zueinander muss man nicht verstehen, kann es aber tendenziell historisch erklären: Das Strafgesetzbuch stammt vom Ende des 19. Jahrhunderts und wurde von bürgerlichen Juristen verfasst. Deren Lebensalltag war weniger von der Angst vor Schlägereien geprägt als von der Angst, dass ihnen jemand ihr Geld wegnimmt. Körperverletzungen sind nach diesem Verständnis etwas, was der Pöbel unter sich ausmachen sollte. Geld aber musste geschützt werden. Diese Auffassung prägt bis heute bei der Strafzumessung die Höhe der Freiheitsstrafen.

Klugscheißerwissen, das Sie in jede Diskussion zum Thema Straftataufbau einwerfen sollten

Dreistufiger Straftataufbau

Bestraft wird nicht, wer böse ist. Bestraft ist,

1. wer einen Straftatbestand verwirklicht hat, wenn
2. es dafür keine Rechtfertigungsgründe gab und
3. der Täter alt genug, schlau genug und nüchtern genug war, um zu verstehen, was er tat.

Vorsatz

Vorsatz bedeutet, zu wissen, was man tut, und das Ergebnis auch zu wollen. Wer nicht weiß, was er tut, weiß auch nicht, wozu das führt. Das nennt man fahrlässig.

Notwehr

Wer angegriffen wird, darf sich verteidigen und den Angreifer dabei auch verletzen oder töten.

Nothilfe

Wer nicht angegriffen wird, aber einen plausiblen Grund hat, darf andere Menschen oder Gegenstände ebenfalls verletzen oder beschädigen. Es kommt allerdings auf den Grund an.

Schuldunfähigkeit

Wer nicht weiß, was er tut, weil er zu jung, zu blau oder zu dumm ist, ist schuldunfähig und kann nicht bestraft werden.

Geldstrafe
Bemisst sich nach dem Nettoeinkommen des Straftäters, kann zwischen 1 und 30000 Euro pro Tag betragen und wird von 5 bis 360 Tagessätzen verhängt.

Freiheitsstrafe
Muss über zwei Jahre immer im Gefängnis abgeleistet werden, kann unter zwei Jahren zur Bewährung ausgesetzt werden.

Bewährungszeit
Die Zeit, in der ein zur Bewährung Verurteilter keinen Blödsinn anstellen darf, weil sonst die Bewährung widerrufen und er ins Gefängnis wandern wird.

Strafzumessung
Festlegung der tatsächlichen Strafe unter Berücksichtigung der Tat, der Folgen und der Person des Täters.

Mildernde Umstände
Alles, womit der Anwalt eines Straftäters den Satz »War doch alles gar nicht so schlimm!« rechtfertigen kann.

Strafverschärfende Umstände
Alles, womit man den Richter überzeugen kann, dass dieser Täter alles andere als halb so schlimm ist.

Die Einstellung und der Deal

Kurzzusammenfassung aller Regeln

§ 1 In jedem Strafprozess soll die Wahrheit herausgefunden werden. Auf Grundlage der Wahrheit wird dann ein Urteil gefällt.

§ 2 Wenn die Wahrheitssuche den Beteiligten zu langweilig ist, können sie das Verfahren vorher einstellen.

§ 3 Wenn die Wahrheitssuche den Beteiligten zu anstrengend ist, können sie einen Deal schließen.

§ 4 Wenn die Wahrheit dabei auf der Strecke bleibt, dann … pffff.

Die Wahrheit

Egal, ob bei einer Strafe die Vergeltung, die Sühne oder die Prävention im Vordergrund steht – Strafe macht nur dann Sinn, wenn klar ist, wofür bestraft wird. Sprich: wenn zunächst einmal die Wahrheit über die Tat herausgefunden wurde. Doch die Wahrheitsfindung hat einen Nachteil: Sie ist mitunter sehr zeitintensiv. Und eine Garantie, dass eine lange Wahrheitsfindung am Ende tatsächlich mit einem großen Wahrheitsfund endet, gibt es auch nicht.

Für den mutmaßlichen Täter ist es im Rechtsstaat nicht weiter schlimm, wenn die Wahrheit nicht gefunden wird. Ganz im Gegenteil: Wenn Zweifel bestehen, dann heißt es »im Zweifel für den Angeklagten«, und es wird eben nicht bestraft.*

Für einen Strafrechtler allerdings ist es unschön, wenn er die Wahrheit nicht findet. Wenn ihm die Wahrheitssuche nämlich egal wäre, könnte er bei gleicher Qualifikation und mit ähnlicher Klientel wesentlich mehr Geld in der freien Wirtschaft verdienen. Juristen brauchen also Wege, um im Strafrecht auch ohne Wahrheitsfindung erhobenen Hauptes um die Wahrheit herumzukommen. Und diese Wege, die im Strafprozess schön um die Wahrheit herumführen, gibt es tatsächlich. Sie nennen sich

---

* Dieses Prinzip gilt bereits seit Aristoteles und wurde im römischen Recht angewandt. Das schöne Zitat *in dubio pro reo* hat allerdings erst der Mailänder Rechtsgelehrte Egidio Bossi (1488–1546) formuliert. Im deutschen Recht taucht dieses Zitat nirgendwo auf, wird aber aus Art. 103 GG abgeleitet.

- ▷ Einstellung des Verfahrens gegen Auflagen (§ 153a StPO) und
- ▷ Verständigung, besser bekannt als »Deal« nach § 257c StPO.

Welche Alternative zur Wahrheit bieten die Einstellung und der Deal? Stellen Sie sich das Strafverfahren einmal als große Wäscherei vor. Was vom Unrecht befleckt wurde, wird hier mit Hilfe der Wahrheit wieder reingewaschen. Der Staatsanwalt kommt mit einem großen Sack Wäsche, der mutmaßlich dem Angeklagten gehört, vor den Richter und sagt: »Der Typ hat richtig Dreck am Stecken.«
Der Angeklagte antwortet natürlich: »Nein, hab ich nicht. Erstens ist das gar nicht meine Wäsche, und zweitens sind das alles eh nur weiße Westen.«
Jetzt gibt es drei Möglichkeiten:

a) Es kommt zum regulären Strafprozess. Der Richter öffnet den Sack und guckt sich jedes einzelne Wäschestück an, um die Wahrheit über die Wäsche herauszufinden. Das stinkt im Zweifel, dauert lange und kann entweder für den Staatsanwalt oder für den Angeklagten unangenehm enden: Es wird der Grad der Verschmutzung – die Schuld – festgestellt, und es gibt ein Urteil, bei wie viel Grad die Wäsche wie lange in die Trommel zu kommen hat.
b) Es kommt zur Einstellung des Verfahrens gegen Auflagen. Der Richter, der Staatsanwalt und der Angeklagte einigen sich darauf, den Sack gar nicht erst aufzumachen, sofern der Angeklagte verspricht, sich neue Wäsche zu kaufen. Es gibt keinen Prozess und kein Urteil. Über den wahren Zustand der Wäsche wird damit nichts ausgesagt. Das nennt man Einstellung des Verfahrens. In diesem Fall gegen eine Auflage, sich neue Wäsche zu kaufen.

c) Es kommt zum Deal. Der Richter macht den Sack auf, rümpft die Nase und fragt Staatsanwaltschaft und Angeklagten, ob man sich nicht darauf verständigen kann, dass es hier müffelt. Kommt diese Verständigung zustande, muss nicht mehr jedes einzelne Wäschestück auf seinen wahren Zustand hin begutachtet werden. Es reicht dann, wenn alle Wäschestücke zusammen für eine verkürzte Zeit in den Sportwaschgang kommen.
   Es gibt nach einem kurzen Prozess ein mildes Urteil. Das nennt man einen Deal.

Sowohl bei der Einstellung als auch beim Deal wird nicht im Detail herausgefunden, wie dreckig die Wäsche tatsächlich ist. Die Suche nach der Wahrheit bleibt auf der Strecke. Eine Wäscherei könnte so nicht lange erfolgreich arbeiten. Gerichte schon.
Der Unterschied zwischen einer Einstellung gegen Auflagen und einem Deal ist im Wesentlichen die Begründung. Bei einer Einstellung ist die Begründung »Ist alles nur halb so schlimm« – es gibt kein Urteil. Beim Deal heißt die Begründung »Wir schaffen es zusammen auch doppelt so schnell« – es gibt ein mildes Urteil.
Ob etwas schlimm war oder nicht – also die Schwere der Schuld –, spielt für den Gesetzgeber tatsächlich eine Rolle. Ob etwas lange dauert oder nicht, sollte für den Gesetzgeber allerdings keine Rolle spielen.

Die Einstellung des Verfahrens

»Ist alles nur halb so schlimm« ist in § 153a StPO geregelt. Demnach kann ein Verfahren gegen Auflagen (zum Beispiel Geldzahlungen) eingestellt werden, wenn die Schwere der Schuld dem nicht entgegensteht, wenn dem öffentlichen Interesse zum Beispiel durch eine Geldzahlung entsprochen werden kann und Staatsanwaltschaft, Gericht und Beschuldigter damit einverstanden sind.

Halb so schlimm können nur Vergehen sein (also Straftaten mit einer Mindestfreiheitsstrafe von unter einem Jahr) – nicht Verbrechen (Straftaten mit einer Mindestfreiheitsstrafe von über einem Jahr). Und halb so schlimm können auch nur Beschuldigte gehandelt haben, die noch nicht einschlägig vorbestraft sind. Die Geldzahlung taucht nirgendwo in einem Führungszeugnis auf. Der Beschuldigte ist also auch weiterhin nicht einschlägig vorbestraft. Der gegen ihn erhobene Vorwurf ist allerdings auch nicht mit einem Freispruch aus der Welt geschaffen worden.

Die prominentesten Beispiele für eine Einstellung gegen Auflagen bzw. deren bewusste Ablehnung waren in letzter Zeit die Verfahren gegen Formel-Eins-Chef Bernie Ecclestone und gegen Bundespräsident a. D. Christian Wulff.

Bernie Ecclestone wurde vorgeworfen, er habe ein Vorstandsmitglied einer deutschen Landesbank bestochen. Eine Bestechung ist nur dann strafbar, wenn man zum Beispiel einen Amtsträger besticht. Wenn Sie Ihrem Kellner zehn Euro geben, um einen besseren Tisch zu bekommen, ist das nicht strafbar. Wenn Sie einem Vorstandsmitglied der Bayerischen Landesbank 40 Millionen Euro geben, um die Rechte an der Formel Eins zu bekommen, dann ist das strafbar. Pikanterweise war dieses Vorstandsmitglied bereits im Vorfeld zu einer mehrjährigen Haftstrafe wegen Bestechlichkeit verurteilt worden. Für eine Verurteilung von Herrn Ecclestone wäre notwendig gewesen, die Wahrheit darüber herauszufinden, ob Herr Ecclestone wusste, dass das Vorstandsmitglied ein Amtsträger im Sinne des § 334 StGB war. Wäre Herr Ecclestone ebenfalls verurteilt worden, hätte ihm eine Freiheitsstrafe von drei Monaten bis zu fünf Jahren gedroht. Ungefähr genauso lange hätte es wohl auch gedauert herauszubekommen, ob Herr Ecclestone wusste, dass es sich bei dem Vorstandsmitglied um einen Amtsträger handelte. Also einigte man sich darauf, dass alles doch nur halb so schlimm sei. Der Wäschesack wurde gar nicht erst aufgemacht. Da es sich bei der Bestechung um ein Vergehen handelt und Herr Ecclestone nicht vorbestraft war, verständigten sich Gericht, Staatsanwaltschaft und Herr Ecclestone darauf, das Verfahren gegen eine Geldbuße von 100 Millionen Euro einzustellen. Eine große Summe, mit der das öffentliche Interesse an der Strafverfolgung angeblich beseitigt sein sollte. Herr Ecclestone war damit zwar 100 Millionen Euro los, dafür aber auch einen stressigen Prozess. Ein waschechter Freispruch, der seine Weste für immer hätte reinwaschen können, war für ihn nicht von Belang.

Genau umgekehrt war die Interessenlage bei Bundespräsident a. D. Christian Wulff. Ihm hatte die Staatsanwaltschaft Hannover Bestechlichkeit vorgeworfen und war bereit, das Verfahren gegen Zahlung einer Geldbuße von 20 000 Euro einzustellen. Christian Wulff stimmte dem nicht zu und nahm die Strapazen eines Prozesses gegen sich ganz bewusst auf sich. In seinen Augen waren die gegen ihn erhobenen Vorwürfe nämlich nicht lediglich nur halb so schlimm, sondern frei erfunden. Er ließ sich dies am Ende auch durch einen echten Freispruch bestätigen. Im Gegensatz zu Herrn Ecclestone bestand Herr Wulff darauf, dass jedes Wäschestück vom Gericht begutachtet und für sauber befunden wurde.

Der Deal

Selbstverständlich gibt es zahlreiche Fälle, in denen sich die Wahrheitssuche langwierig gestaltet, aber das Argument »Ist doch alles nur halb so schlimm« beim besten Willen nicht mehr greift. Das ist in der Regel der Fall, wenn es sich bei der vorgeworfenen Tat um ein Verbrechen handelt oder wenn die Öffentlichkeit im Vorfeld derart aufgepeitscht worden ist, dass ihr Interesse an einem Urteil nicht mehr anders als eben durch ein Urteil zu befriedigen ist.

Davon ist auszugehen, wenn die Staatsanwaltschaft vor einer Verhaftung die Medien informiert und die Bilder der Verhaftung sich in das öffentliche Gedächtnis eingebrannt haben. Das führt zu einer Vorverurteilung, die nur durch ein Urteil bestätigt oder beseitigt werden kann. Für diese Fälle wurde das Argument »Wir schaffen es zusammen auch doppelt so schnell« erfunden: die Verständigung, der Deal, der § 257c StPO.

Die bekanntesten Beispiele für einen Deal und einen Nichtdeal waren die Verfahren gegen Peter Hartz und Klaus Zumwinkel. Die Prozesse gegen die beiden endeten sehr zügig mit milden Strafen.

Peter Hartz, dem Namensgeber für die gleichnamigen Sozialreformen, aber auch Personalvorstand bei VW, wurde vorgeworfen, das Wohlwollen eines VW-Betriebsrates gekauft zu haben. Unter anderem mit 2 Millionen Euro an nicht gerechtfertigten Sonderboni ohne Gegenleistungen. Er soll auch diverse Lustreisen und Bordellbesuche für den Betriebsrat finanziert haben, was aber lediglich Bestandteil der Berichterstattung und nicht Bestandteil des Verfahrens wurde. Alle Beteiligten einigten sich in einem Deal darauf, ein Urteil von zwei Jahren Freiheitsstrafe auf Bewährung sowie die Zahlung einer Geldstrafe von 576 000 Euro zu akzeptieren, und machten damit sehr kurzen Prozess.

Klaus Zumwinkel hingegen war Chef der Post und hatte über eine private Stiftung 1 Million Euro an Steuern hinterzogen. Er wurde sehr öffentlichkeitswirksam unter Anwesenheit von Fotografen verhaftet. Im Prozess war er von Anfang an geständig. Er wurde zu zwei Jahren Haft auf Bewährung verurteilt. Dem Richter war es wichtig zu betonen, dass das Urteil nicht auf einem Deal beruhe, sondern die Wahrheitsfindung aufgrund des Geständnisses zu einem zügigen Urteil führen konnte.

Ein Deal findet im Hauptverfahren in »geeigneten Fällen« statt und wenn Gericht, Staatsanwalt und Angeklagter damit einverstanden sind. Wann ein Fall geeignet ist, steht im Gesetz leider nicht – in der Regel, wenn die Vorteile die Nachteile überwiegen. Die Vorteile eines Deals sind zum Beispiel eine schnelle Beendigung des Verfahrens, eine geringere Strafe für den Angeklagten und die Vermeidung mitunter sehr belastender Aussagen von traumatisierten Zeugen. Der entscheidende Nachteil eines Deals: Das Strafrecht ist nicht darauf ausgelegt, dass vor Gericht gefeilscht wird. Geständnisse sollen nicht erkauft werden, vielmehr soll die Wahrheit erforscht werden und die Öffentlichkeit das Verfahren nachvollziehen können. Aus diesen Gründen ist unter Juristen hoch umstritten, welche Fälle tatsächlich bedenkenlos für einen Deal infrage kommen. Unter bedenkenlosen Juristen wird beim Deal – wie zum Beispiel auch beim Gebrauchtwagenverkauf – erst mal auf dicke Hose gemacht, dann auf dünne Hose, und am Ende verständigt man sich auf mittlere Hose. Auf dicke Hose machen bedeutet seitens der Staatsanwaltschaft, dass diese andeutet, das Ergebnis ihrer Ermittlungen äußerst detailreich in aller Öffentlichkeit zu präsentieren. Auf dicke Hose machen seitens der Verteidigung bedeutet, dass der Verteidiger eine sogenannte Konfliktverteidigung ankündigt. Das heißt, er wird so gut wie jeden Beweis-, Befangenheits- und sonstigen Antrag zugunsten seines Mandanten stellen, so unsinnig der auch sein mag, und den Prozess damit enorm in die Länge ziehen. Auf dicke Hose machen seitens des Gerichts bedeutet, dass zunächst einmal ziemlich viele Termine angesetzt werden und gegenüber Staatsanwaltschaft und Verteidigung darauf hingewiesen wird, dass in dem Verfahren von Freispruch bis hohe Haftstrafe alles möglich ist – jede Partei also viel zu verlieren hat. Nachdem das geklärt ist, wird auf dünne Hose gemacht. Die Staatsanwaltschaft kündigt an, dass bei einem umfangreichen Geständnis nicht mehr jeder Zeuge vernommen werden muss. Der Verteidiger deutet an, dass sich sein Mandant eventuell an viel mehr erinnern kann als bislang, wenn ihn die Aussicht einer hohen Haftstrafe nicht mehr so belastet. Und das Gericht deutet an, dass für alle Beteiligten sehr viele Termine frei werden könnten und weder die Staatsanwaltschaft einen Freispruch noch der Angeklagte eine hohe Haftstrafe zu befürchten hat.

Und am Ende sagt der Angeklagte mit mittlerer Hose: »Okay, ich war's.« Der Staatsanwalt sagt: »Nett, dass Sie das sagen.« Und der Richter verkündet ein schnelles und verträgliches Urteil.

Mit der Einbindung des Gerichts unterscheidet sich der deutsche Deal ganz deutlich vom Deal aus amerikanischen Krimiserien. In den Vereinigten Staaten darf das Gericht in einem Urteil nicht über den Antrag der Staatsanwaltschaft hinausgehen. Es reicht in den USA also völlig, wenn sich die Verteidigung mit dem Staatsanwalt darauf verständigt, dass dieser nur eine geringe Strafe fordert.

Tankstellen in Texas und im Taunus unterscheiden sich nicht nur optisch, sondern auch in den Möglichkeiten, die sich ihnen strafrechtlich nach einem Überfall bieten.

Wenn Sie mit Ihrem besten Kumpel in Texas eine Tankstelle überfallen, den Besitzer erschießen und geschnappt werden, dann können Sie mit dem Staatsanwalt ausdealen, dass Sie Ihren besten Kumpel verpfeifen, wenn der Staatsanwalt dafür für Sie nur die Mindeststrafe fordert. Kommt eine solche Einigung zustande, kann das Gericht nicht mehr dazwischenfunken. Ihr Kumpel käme dann im Zweifel auf den elektrischen Stuhl, und Sie kämen nach einigen Jahren ohne besten Kumpel wieder nach Hause. Es lohnt sich also immer, mit einem besten Kumpel in die USA zu reisen.
In Deutschland ist das nicht so. Zum einen gibt es hier keine elektrischen Stühle, zum anderen muss das Gericht mit eingebunden werden. Denn im deutschen Strafprozess gilt der sogenannte

Amtsermittlungsgrundsatz. Das bedeutet, das Gericht ermittelt von Amts wegen, was tatsächlich geschehen ist und wie hoch eine Tat zu bestrafen ist. Die Staatsanwaltschaft stellt zwar einen Antrag, das Gericht kann aber auch höher bestrafen.

Wenn Sie die Tankstelle also nicht in Texas, sondern im Taunus überfallen, dann bringt es Ihnen wenig, sich nur mit der Staatsanwaltschaft darauf zu verständigen, dass bei Ihnen bezüglich des erschossenen Tankwartes nur fahrlässige Tötung vorliegt und für Sie lediglich eine Geldstrafe gefordert wird. Das Gericht kann nämlich in der Beweisaufnahme durchaus zu der Überzeugung kommen, dass Sie nicht nur einen Raub mit Todesfolge, sondern einen glatten Mord begangen haben, und Sie bekommen, obwohl Sie Ihren besten Kumpel verpfeifen, statt der geforderten Geldstrafe lebenslänglich. Freunde sind im Taunus einfach weniger wert als in Texas.

Der Deal gemäß Strafprozessordnung muss also zwischen dem Gericht, der Staatsanwaltschaft und dem Angeklagten zustande kommen. Aber genau hier liegt das Problem. Das Gericht ist von Amts wegen verpflichtet, zur Erforschung der Wahrheit die Beweisaufnahme auf alle Tatsachen und Beweismittel zu erstrecken, die für die Entscheidung von Bedeutung sind. So steht es in § 244 II StPO. Und das soll in der Praxis auch für den Deal gelten. Im Grunde ist das allerdings ein Widerspruch in sich, da der Deal ja gerade deswegen geschlossen wird, damit alle Beteiligten früher nach Hause und kürzer in den Knast kommen. Sprich: um eine lange Beweisaufnahme zu verkürzen. Und zwischen dem Geständnis »Ja, ich war in der Tankstelle und wollte ein Snickers klauen. Dabei hat sich dann ein Schuss gelöst. Tut mir leid« und dem Ergebnis einer langen Beweisaufnahme, dass Sie zunächst den arglosen Tankwart aus Mordlust von hinten erschossen haben, um sich dann ein Snickers zu nehmen, liegen nicht nur hinsichtlich Strafmaß, sondern auch hinsichtlich Wahrheitsgehalt Welten. Gleiches gilt auch im umgekehrten Fall. Wenn Sie – auf Anraten Ihres Anwalts, der aufgrund eines Platzreifekurses zeitlich stark eingebunden ist – gestehen, den Tankwart, ohne ein Mordmerkmal zu verwirklichen, erschossen zu haben, kommt ein schneller Deal zustande. Wenn in einem mehrtägigen Prozess aber eine einzige Nachfrage des Richters herausgefunden hätte, dass sich der Schuss aus Versehen gelöst hat, dann ist ein mildes Urteil für einen Totschlag eben das falsche Urteil. Ohne Deal wären Sie nur wegen fahrlässiger Tötung verurteilt worden. Ohne Deal hätte Ihr Anwalt aber den Golfkurs verpasst.

Klugscheißerwissen, das Sie in jede Diskussion zum Thema Einstellung oder Deal einwerfen sollten

In dubio pro reo
»Im Zweifel für den Angeklagten«. Rechtsprinzip seit Aristoteles, Zitat stammt aber vom Mailänder Rechtsgelehrten Egidio Bossi (1488–1546).

Einstellung des Verfahrens gegen Auflagen (nach § 153a StPO)
Bei einem begonnenen Verfahren wird nicht weiter nach der Wahrheit gesucht. Der Beschuldigte wird – wenn er die Auflagen (meistens eine Geldzahlung) befolgt – nicht weiter verfolgt. Es gibt kein Urteil, keine Strafe, keinen Freispruch. Der ehemals Angeklagte ist nicht vorbestraft.

Deal (§ 257c StPO)
Bei einem begonnenen Verfahren einigen sich Staatsanwaltschaft, Gericht und Angeklagter darauf, dass die Wahrheit des Angeklagten von Gericht und Staatsanwaltschaft akzeptiert wird, wenn der Angeklagte die Vorwürfe der Staatsanwaltschaft und das Urteil des Gerichts akzeptiert. Das Verfahren endet damit schneller, weil nicht mehr lange nach der echten Wahrheit gesucht werden muss. Der Täter ist am Ende des Verfahrens vorbestraft.

Das blaue Kapitel – Alkohol und Strafrecht

Kurzzusammenfassung aller Regeln

§ 1 Alkohol macht Spaß und dumm.

§ 2 Es gibt Straftaten, bei denen es von Vorteil ist, sehr betrunken zu sein.

§ 3 Es gibt Straftaten, bei denen es von Vorteil ist, nicht so betrunken zu sein.

§ 4 Egal, wie betrunken Sie bei Begehung welcher Straftat auch immer tatsächlich waren: Die Gerichte rechnen Ihnen Ihren Alkoholisierungsgrad zu Ihrem Vorteil schön.

Blau und böse

Alkoholkonsum und Kriminalität sind eng miteinander verknüpft: Statistisch gesehen, ist jeder zweite jugendliche Straftäter in Deutschland betrunken, woraus sich zweierlei schließen lässt:

1. 50 Prozent der kriminellen Jugendlichen haben offensichtlich ein schweres Problem, weil sie bereits nüchtern Recht und Unrecht nicht auseinanderhalten können und zudem dumm genug sind, sich bei Letzterem erwischen zu lassen.
2. Bei den anderen 50 Prozent gibt es offensichtlich einen Zusammenhang zwischen Alkohol und Verbrechen: die Enthemmung.

Aus juristischer Sicht gibt es deshalb nur zwei Ratschläge zum Trinkverhalten, die – für jede Altersgruppe – Sinn ergeben:

1. Trinken Sie gar nicht, dann machen Sie auch keinen Blödsinn.
2. Trinken Sie sich so die Hucke voll, dass auch beim besten Willen nichts mehr reingeht. Wenn Sie dann spontan Blödsinn anstellen, sind Sie schuldunfähig und können maximal wegen Vollrausch (§ 323a StGB) belangt werden.

Alle Verhaltensweisen dazwischen werfen nur unnötige Fragen nach deren Strafbarkeit auf. Am besten lassen sich alle diese Fragen rund um Alkohol und Recht an folgendem praxisnahen Beispiel erläutern:

Beispielfall: Schneewittchen und die sieben Kurzen

Das 17 Jahre alte, 50 kg schwere und 1,60 m große Schneewittchen (S) geht mit den sieben unterschiedlich alten, schweren und großen Zwergen (Z1 bis Z7) um 18 Uhr auf das Oktoberfest. Im Käfer-Zelt bestellt sich jeder eine Maß Bier und einen doppelten Obstler. Alle trinken auf ex. Während Schneewittchen den Alkohol nur dazu nutzt, sich die sieben Zwerge schön zu saufen, leben die sieben Zwerge die enthemmende Wirkung des Alkohols offen aus. Innerhalb kürzester Zeit

- *betiteln sie die schunkelnden Japaner (J) am Nachbartisch als »Zitronenneger«,*
- *benutzen sie herumstehende Maßkrüge als Stiefel und zertreten diese am Tischbein,*
- *schlendern sie in den Promibereich des Käfer-Zelts, um dort Lothar Matthäus (L) zu verprügeln, damit dieser niemals auf den Gedanken kommt, ihnen ihr minderjähriges Schneewittchen auszuspannen.*

Letzteres hatten sich die Zwerge schon vor der Abfahrt fest vorgenommen. Anschließend ziehen sie Streichhölzer, um zu entscheiden, wer Schneewittchen und den Rest der Zwergentruppe mit dem Auto nach Hause fährt. Z7 zieht das kürzere und setzt sich hinters Steuer. Beim Verlassen des Parkplatzes im Schritttempo wird das Auto um 19 Uhr von einem ebenfalls blauen Männchen – jedenfalls der Uniform nach – angehalten.

Es stellen sich dem nüchternen Juristen an dieser Stelle zwei Fragen: Die Frage nach dem Sinn des Oktoberfestes lässt sich in einem Kapitel allerdings nicht beantworten. Bleibt also die Frage nach der Strafbarkeit des Handelns der sieben Zwerge. Zwei Arten von Straftaten müssen hier unterschieden werden.

a) Es gibt Straftaten, die man auch nüchtern begehen kann. Dazu gehört die Beleidigung von Japanern (§ 185 StGB), die Sachbeschädigung von Biergläsern (§ 303 StGB) und die Körperverletzung zulasten von Lothar Matthäus (§ 223 StGB). Betrunken fällt einem solch ein Spökes aber in der Regel wesentlich leichter.
b) Andere Straftaten kann man nüchtern gar nicht begehen, für die verlangt der Gesetzgeber geradezu Trunkenheit. Dazu gehören die Gefährdung des Straßenverkehrs unter Alkoholeinfluss (§ 315c StGB), die Trunkenheitsfahrt (§ 316 StGB) und der Vollrausch (§ 323a StGB).

Bei Straftaten, die man auch nüchtern begehen könnte, hilft es einem vor Gericht, wenn man bei der Tat möglichst besoffen war. Das kann die Schuld mildern. Bei Straftaten, die man nur betrunken begehen kann, hilft es einem vor Gericht, möglichst nicht so sonderlich betrunken gewesen zu sein. Für die sieben Zwerge ist also entscheidend, wie blau sie nach ihrer Maß und ihren doppelten Obstlern tatsächlich waren.

Blau-Sein als Maßeinheit – die BAK

Das Maß – nicht *die* Maß – aller Dinge in puncto »Wie blau bin ich eigentlich?« nennt sich Alkoholkonzentration (AK). Die Alkoholkonzentration wird angegeben in Promille und gemessen entweder nach dem Blasen am Straßenrand als Atemalkoholkonzentration (AAK) oder nach einer Blutentnahme als Blutalkoholkonzentration (BAK).

Die bei einer Verkehrskontrolle durch »Blasen« gemessene AAK darf allerdings allenfalls im Bußgeldverfahren als Beweis gegen Sie verwendet werden.

Spielt Ihr Alkoholisierungsgrad in einem Strafprozess gegen Sie eine Rolle, darf nur der BAK als Beweismittel herangezogen werden.

Deswegen wird Z7, der beim Streichholzziehen das kürzere *gezogen hat, nach einem positiven AAK am Straßenrand auf die Wiesnwache gebeten, damit dort unter ärztlicher Betreuung Blut zur BAK-Messung entnommen werden kann. Nachdem auf der Wache gerade 1 Wiesnwirt, 12 Japaner und 1 Lothar Matthäus Anzeige gegen 7 unbekannte Zwerge* erstattet *haben, werden gleich alle anderen Zwerge auch zur Blutentnahme gebeten.* Sollte ein Zwerg damit nicht einverstanden sein, wird ein freundlicher Richter motivierend helfen und die BAK-Messung auch gegen seinen Willen richterlich anordnen. Wenn Gefahr im Verzug ist, darf dies auch die Staatsanwaltschaft oder die Polizei tun.

Die sieben Zwerge lassen sich also Blut entnehmen.

Die BAK gibt an, wie viel Gramm Alkohol in einem Kilo Blut enthalten sind. Je nachdem, wie geschwollen man das ausdrücken will, kann man dazu »Gramm pro Kilo«, »Gramm pro 1000 Gramm« oder »Gramm pro Mille« sagen – was auch nichts anderes heißt als »Gramm pro tausend«. Lassen Sie jetzt noch das Wort »Gramm« weg und Sie haben die exakte Herleitung des Wortes »Promille«: Wenn Sie ein Promille Alkohol intus haben, haben Sie rein wissenschaftlich ein Gramm Alkohol pro Kilo Blut im Körper.

Wie viel Gramm Alkohol Ihr Getränk enthält, entnehmen Sie bitte den Volumenangaben des Etiketts. Ein Bier mit »5 % Vol.« hat 5 Gramm reinen Alkohol pro 100 Gramm Getränk. Das 0,2-Liter-Glas Bier enthält 200 ml Bier, also 10 Gramm reinen Alkohol. Wie viel Liter Blut ein Mensch in seinem Körper hat, hängt von der Größe, dem Gewicht und dem Geschlecht ab. Bei gleicher Größe und Gewicht haben Männer etwa einen Liter mehr Blut als Frauen. Deswegen kriegen Männer schneller Herzinfarkte und Frauen schneller kalte Hände. Als Faustregel kann man aber sagen, dass bei jedem Menschen ein Dreizehntel des Körpergewichts reines Blut ist.

Mit all diesen Angaben kann man sich, wenn man angeheitert genug ist, gerne selber verrechnen, wie blau man ist. Oder aber man lässt sich einfach auf einer der zahlreichen Promillerechner-Seiten im Internet einen hypothetischen Saufabend durchrechnen.*

Bezogen auf die sieben Zwerge, bedeutet das Folgendes: Alle Zwerge sind unterschiedlich alt, unterschiedlich groß und unterschiedlich schwer. Eine Maß Bier und ein doppelter Obstler wirken sich auf sie also völlig unterschiedlich aus.

---

* Ein ziemlich aufschlussreicher Promillerechner findet sich auf www.kenndein-limit.de

Z1:	18 Jahre, 25 kg, 80 cm	3,21 Promille
Z2:	20 Jahre, 30 kg, 90 cm	2,57 Promille
Z3:	22 Jahre, 35 kg, 100 cm	2,13 Promille
Z4:	24 Jahre, 40 kg, 110 cm	1,79 Promille
Z5:	26 Jahre, 45 kg, 120 cm	1,54 Promille
Z6:	28 Jahre, 50 kg, 130 cm	1,34 Promille
Z7:	30 Jahre, 55 kg, 140 cm	1,18 Promille

Zum Vergleich: Das 17 Jahre alte, 50 kg schwere und 160 cm große Schneewittchen hat 1,29 Promille. Ein Wert, mit dem sich manch andere Frau schon bei Shopping Queen oder dem Islamischen Staat anmelden würde.

Blaue Grenzerfahrungen

Da die BAK-Werte, also die Promille im Blut, von ziemlich vielen Faktoren abhängig sind, sind pauschale Aussagen wie »Nach zwei Bier kann man noch fahren« ziemlicher Humbug. Zwei Bier hinterlassen bei zwei verschiedenen Menschen zwei völlig unterschiedliche BAK-Werte. Hinzu kommt, dass ein Gewohnheitstrinker, zum Beispiel ein Berufspilot, bei 2 Promille gerade mal mit dem Zittern aufhört und anfängt, den Steuerknüppel sicher zu führen. Ein japanischer Austauschschüler hingegen stürzt schon bei 0,2 Promille ab.

Damit Urteile zu alkoholisiert begangenen Straftaten allerdings nicht genauso schwanken wie die dazugehörigen Täter, haben sich

in der Rechtsprechung mehr oder weniger feste Promillegrenzen als Stütze etabliert.
Wie also wirkt sich der konkrete Alkoholisierungsgrad der sieben Zwerge auf deren Schuldfähigkeit hinsichtlich Beleidigung, Sachbeschädigung und Körperverletzung aus? Welchen Einfluss hatte der Alkohol auf die Straftaten, die die Zwerge auch nüchtern hätten begehen können?

Alkohol als Strafmilderungsgrund

Promillegrenzen zum Vorteil des Trinkenden

- *Circa 2,0 Promille bei Begehung einer kleinen Straftat (kein fester Wert).* Ab 2,0 Promille kann Ihr Strafverteidiger bei normalen Straftaten – wie Beleidigung, Sachbeschädigung oder Körperverletzung – versuchen, auf verminderte Schuldfähigkeit während der Tat zu plädieren.
- *Circa 2,2 Promille bei Begehung einer schweren Straftat (kein fester Wert).* Aufgrund der höheren Hemmschwelle wird bei schweren Straftaten (Mord, Totschlag) erst ab circa 2,2 Promille über eine verminderte Schuldfähigkeit nachgedacht. Die Höhe der Bestrafung kann gemindert werden.
- *Circa 3 Promille bei Begehung einer Straftat (kein fester Wert).* Ab 3,0 Promille kommen Sie in den Bereich, in dem Sie bei der Begehung normaler Straftaten als schuldunfähig gelten können. Das heißt, Sie können für die Straftat nicht bestraft werden.

- *Circa 3,3 Promille bei Begehung einer schweren Straftat (kein fester Wert).* Ab 3,3 Promille kann auch bei der Begehung schwerer Straftaten eine Schuldunfähigkeit vorliegen.

Ganz konkret heißt das, Z1 ist mit seinen 3,21 Promille in Sachen Beleidigung und Sachbeschädigung zunächst mal raus, da er blau wie ein Schlumpf und damit schuldunfähig war.
Z2 und Z3 waren mit 2,57 und 2,13 Promille zumindest vermindert schuldfähig bezüglich der Beleidigung und der Sachbeschädigung. Ihre Strafen könnten gemildert werden.
Sind die Zwerge damit raus aus dem Schneider? Mitnichten. Der Gesetzgeber hat sich große Mühe gegeben, den Spaß am betrunkenen Blödsinn nicht auch noch mit Strafmilderungen zu belohnen.

Wenn Alkohol die Lösung ist, was war dann die Frage?

Die Frage ist ganz einfach: Wie bekomme ich einen schuldunfähig gesoffenen Zwerg trotzdem bestraft? Die Lösung ist ganz zweifach: Über den Vollrausch oder die alic.
Die was? Kommt gleich.

Der Vollrausch

Der schuldunfähige Zwerg wird einfach fürs Trinken an sich bestraft. Dafür gibt es den Spaßverderber-Paragrafen schlechthin:

§ 323a StGB – Vollrausch. Wer so besoffen ist, dass er aus Versehen Humbug anstellt, für den er nicht belangt werden kann, wird halt fürs Trinken bestraft. Mit Freiheitsstrafe bis zu fünf Jahren oder mit Geldstrafe. Aber auf keinen Fall ist die Strafe höher als die Strafe, die er nüchtern für eine der begangenen Taten bekommen hätte.
Die anderen Zwerge müssen auf Z1 also im Knast nicht verzichten.

Die »alic«

Anders – aber mit gleichem Ergebnis – sieht es aus, wenn sich ein Zwerg besäuft, um dann nicht »aus Versehen«, sondern mit voller Absicht Blödsinn anzustellen, den er sich nüchtern ganz ausdrücklich vorgenommen hat.
Dies ist bei Z1 bis 3 bezüglich der Körperverletzung von Lothar Matthäus der Fall. Alle Zwerge haben sich bereits nüchtern fest vorgenommen, L zu verprügeln. Der Alkohol hatte also gar keinen Einfluss auf das Unrechtsbewusstsein der Zwerge (das war schon nüchtern nicht vorhanden), er wurde vielmehr ganz bewusst dazu genutzt, um die Hemmschwelle zu senken. Die Rechtsprechung nennt eine Straftat, die zwar aufgrund von zum Beispiel Alkohol in schuldunfähigem Zustand begangen wurde, aber nüchtern gewollt, geplant und in Gang gesetzt worden ist, eine *actio libera in causa*, unter hippen Jurastudenten kumpelhaft »alic« genannt. Auf Deutsch heißt das: »Ätsch – du wirst trotzdem bestraft!« Bezüglich der Körperverletzung des L können Z1, Z2 und Z3 also voll belangt werden.

Alle anderen Zwerge müssen sich über all das nicht ihren kleinen Kopf zerbrechen. Sie haben ohnehin nicht genug getrunken, um schuldunfähig oder vermindert schuldfähig zu sein. Sie können wegen vorsätzlicher Beleidigung, Sachbeschädigung und Körperverletzung verurteilt werden. Und Z7 kann sich auf weitere Folgen freuen. Er ist schließlich als Einziger auch noch besoffen Auto gefahren.

Alkohol als Strafgrund

Kommen wir damit zu den Straftaten, für die der Gesetzgeber geradezu verlangt, betrunken zu sein: Alkohol im nicht sexuellen Verkehr. Hier kann man sich – wenn man denn noch geistige Kapazitäten frei hat – folgende Promillegrenzen merken:

Promillegrenzen zum Nachteil des Trinkenden

- ▹ *Ab 0,0 Promille = Ordnungswidrigkeit.* Wenn Sie als Fahranfänger während der Probezeit mit mehr als 0,0 Promille erwischt werden, gibt es Punkte, Geldbuße, Nachschulung, Probezeitverlängerung.
- ▹ *Ab 0,3 Promille + Ausfallerscheinungen im Straßenverkehr = Straftat.* Ab 0,3 Promille gelten Sie als relativ fahruntüchtig. Werden Sie mit Ausfallerscheinungen wie unsicherem Fahren oder als Unfallbeteiligter erwischt, haben Sie sich wegen Gefährdung des Straßenverkehrs (§ 315c StGB) strafbar gemacht. Dies ist ein sogenanntes »konkretes Gefährdungsdelikt«. Bestraft wird, dass Sie aufgrund Ihrer Ausfallerscheinungen gezeigt haben, dass Sie konkret gefährlich und trotzdem

im Auto unterwegs sind. Zeigen Sie bei 0,3 Promille keinerlei Auffälligkeiten, können Sie getrost noch zur nächsten Kneipe fahren.

- *Ab 0,5 Promille im Straßenverkehr = Ordnungswidrigkeit.* Werden Sie mit mehr als 0,5 Promille im Auto erwischt, bekommen Sie ein Bußgeld, Punkte in Flensburg sowie einen Monat Fahrverbot – egal, wie sicher Sie fahren.
- *Ab 1,1 Promille im Straßenverkehr = Straftat.* Wenn Sie mit 1,1 Promille oder mehr am Steuer erwischt werden – völlig egal, ob Sie Ausfallerscheinungen haben oder nicht –, gelten Sie als absolut fahruntüchtig. Nach § 316 StGB ist dies eine Straftat, nämlich Trunkenheit im Verkehr. Dies nennt sich dann abstraktes Gefährdungsdelikt: Sie setzen keine Gefahr mehr – Sie sind die Gefahr.
- *Ab 1,6 Promille mit dem Fahrrad unterwegs = Straftat.* Ab 1,6 Promille sind Sie auch als Fahrradfahrer wegen Trunkenheit im Verkehr dran.

Vorbestraft …

Z7 hatte 1,18 Promille im Blut, er hat sich also wegen Trunkenheit im Verkehr nach § 316 StGB strafbar gemacht. Dafür gibt es eine Freiheitsstrafe bis zu einem Jahr oder eine Geldstrafe. Ob Z7 seine Zwergenhütte tatsächlich in Richtung Knast verlassen muss, hängt jetzt davon ab, ob er bereits vorher wegen Trunkenheit am Steuer bestraft wurde, wie blau er tatsächlich war und ob er im Bewusstsein seiner Bläue – also vorsätzlich – besoffen gefahren ist. 1,18 Promille sind so gesehen noch kein Grund, den Zwerg auf Steuerzahlerkosten im Knast zu verköstigen.

Viel unangenehmer bei der Trunkenheitsfahrt ist allerdings, dass man zusätzlich zur Vorstrafe in der Regel auch den Führerschein nach § 69 StGB entzogen bekommt, weil man durch die Tatsache, dass man besoffen im Auto erwischt worden ist, nachweislich ungeeignet ist, ein Kraftfahrzeug zu führen.*

Clevere Menschen, wie zum Beispiel der Fußballspieler Marco Reus, machen aus diesem Grund von vornherein keinen Führerschein. Wo nichts ist, kann halt auch nichts entzogen werden. Aber auch für nicht ganz so talentierte Verkehrsteilnehmer wie unseren Z7 gibt es in dieser Situation noch Hoffnung. Wenn er einen guten Verteidiger hat, wird dieser vor Gericht glaubhaft sein Zwergenmärchen erzählen, wonach sein kleiner Mandant

- entweder noch nie im Leben vorher Alkohol getrunken hatte und von den Folgen selber überrascht war
- oder den Alkohol, ohne es zu merken, untergejubelt bekommen hatte
- oder das hochschwangere Schneewittchen auf schnellstem Wege zur Entbindung bringen musste.

Glaubt das Gericht an solche Märchen, kann es auf die Entziehung der Fahrerlaubnis verzichten und den Zwerg weiterhin für geeignet halten, am Straßenverkehr teilzunehmen.

Und wenn er nicht verunfallt ist, dann fährt der Zwerg noch heute.

---

* Dies wäre im Übrigen auch der Fall, wenn der schuldunfähige Z1 das Fahren übernommen hätte. Wegen Trunkenheit im Verkehr könnte er gerade wegen seiner 3,21 Promille nicht belangt werden. Den Lappen wäre er trotzdem los.

Wann muss ich eigentlich blau sein?

Bei allen Straftaten im Zusammenhang mit Alkohol ist entscheidend, wie viele Promille Sie zum Zeitpunkt der Tat intus hatten. Das ist meistens allerdings nichts als schöne Theorie, weil eine solche Messung in den seltensten Fällen zeitnah möglich ist. Viele Täter müssen zunächst noch geschnappt, geweckt oder zwangsfixiert werden. Außerdem muss ein nüchterner Arzt auf der Wache anwesend sein. All das dauert, weswegen oftmals erst Stunden nach der Tat ein Blutalkoholwert bestimmt werden kann. Aus diesem Grunde können dann lediglich Rückschlüsse auf den Alkoholisierungsgrad zum Tatzeitpunkt gezogen werden – wenn man weiß, wie sich Alkohol im Körper so verhält.

Der Alkohol im Bier muss zunächst einmal überhaupt in die Blutbahn gelangen. Dieser Zeitraum wird von Pubertierenden »Vorglühen« genannt, während Juristen von der »Anflutungsphase« sprechen. Direkt nach dem ersten Schluck passiert erst einmal nix, der Pegel steigt erst mit Verzögerung. Eine Prüfung der BAK unmittelbar nach dem Trinken ergibt im Zweifel noch völlige Nüchternheit.

Gleiches gilt umgekehrt für das Trink-Ende. Mit dem letzten Glas ist noch lange nicht der letzte Alkohol ins Blut gelangt. Die sogenannte Resorptionsphase dauert noch an. Wenn Ihnen nach drei zügigen Bier der Alkoholtester auf der Kneipentoilette also mitteilt, Sie könnten noch fahren, haben Sie schlicht Ihren Pegelhöchststand noch nicht erreicht.

Medizinisch gesehen, baut der Körper im Schnitt zwischen 0,1 bis 0,2 Promille pro Stunde ab. Wenn es um die Frage der Schuldfähigkeit geht, ist es von Vorteil, zum Tatzeitpunkt rotzbesoffen gewesen zu sein. Wenn es um die Frage geht, mit wie viel Promille Sie

Auto gefahren sind, ist es von Vorteil, zum Tatzeitpunkt möglichst nüchtern gewesen zu sein. Dies sind zwei sich widersprechende Wünsche des Trinkers. Da wir allerdings in einem Kulturkreis leben, in dem die gesetzgebende Gewalt von Menschen ausgeübt wird, die dem Alkohol grundsätzlich offen gegenüberstehen, wird beiden Wünschen des Trinkers entsprochen. Schließlich heißt es *in dubio pro reo* – im Zweifel für den Angeklagten.
Bei der Frage der Schuldfähigkeit geht das Gericht davon aus, dass sich Alkohol mit 0,2 Promille pro Stunde abbaut. Damit kommt man auf einen hohen Alkoholwert zum Tatzeitpunkt. Wenn es um Trunkenheit am Steuer geht, baut sich Alkohol nur um 0,1 Promille ab. Und das auch erst zwei Stunden nach dem letzten Schluck. Damit kommt man auf einen niedrigen Alkoholwert zum Tatzeitpunkt. Je mehr Zeit zwischen Tat und Blutentnahme liegt, desto unterschiedlicher sind die Auswirkungen dieser Rückrechnungen.

Bezogen auf unser Beispiel:

Z7 wird um 19 Uhr von der Polizei am Parkplatz des Oktoberfestes angehalten. Er verweigert eine Atemalkoholkontrolle und wird mit seinen sechs grölenden Mitzwergen sowie einem grundlos heulenden Schneewittchen auf die Wiesnwache gebeten.
Auch dort weigert sich Z7, Blut abzugeben. Der Richter hat viel zu tun, der Arzt hat viel zu tun. Erst um fünf Uhr morgens am nächsten Tag gelingt es, dem Zwerg aufgrund einer richterlichen Anordnung Blut zu entnehmen. Ergebnis der Probe: Der Zwerg hat morgens um fünf noch 0,2 Promille.
Dass der Zwerg zum Tatzeitpunkt de facto ziemlich genau 1,18 Promille hatte, weiß die Polizei nicht. Sie muss sich diesen Wert erst rückrechnen. Wenn es jetzt darum geht, dem Zwerg eine Alkoholfahrt nachzuweisen, dann ist der Rechtsstaat auf seiner

Seite. Es darf im Rahmen der Rückrechnung zugunsten des Zwerges pro vergangener Stunde nur 0,1 Promille auf diese 0,2 Promille draufgerechnet werden. Die beiden Stunden nach Trinkende dürfen dabei gar nicht berücksichtigt werden. Da der Zwerg nach lallender Aussage aller anderen Zwerge gesichert erst um 19 Uhr nichts mehr getrunken hat, umfasst die Rückrechnung den Zeitraum von 21 Uhr bis 5 Uhr morgens. Das sind 8 Stunden, in denen 8 × 0,1 Promille, mithin 0,8 Promille Alkohol abgebaut worden sind. Damit hatte Z7 zum Tatzeitpunkt rechnerisch die gemessenen 0,2 Promille plus diese abgebauten 0,8 Promille, also 1,0 Promille im Blut. Was bedeutet das?

Nun, der Zwerg ist mit 1,0 Promille absolut sicher Auto gefahren, ohne jegliche Ausfallerscheinungen, exakt dem Tempolimit des Parkplatzes (Schritttempo) folgend. Er war zwar relativ fahruntüchtig, da er mehr als 0,3 Promille intus hatte, eine Strafbarkeit wegen Gefährdung des Straßenverkehrs nach § 315c StGB scheidet allerdings aus, da keinerlei konkrete Gefährdung vorgelegen hat. Für eine abstrakte Gefährdung, die Trunkenheitsfahrt nach § 316 StGB, kann der Zwerg nach der Rückrechnung ebenfalls nicht belangt werden, da er mit 1,0 Promille unterhalb der Schwelle der absoluten Fahruntüchtigkeit lag.

Da der Zwerg allerdings mehr als 0,5 Promille intus hatte, hat er eine Ordnungswidrigkeit nach § 24a StVG begangen, bekommt also ein Bußgeld, Punkte und ist den Führerschein für einen Monat los.

Durch die Rückrechnung zu seinen Gunsten war der Zwerg somit nüchtern genug, um zumindest keine Alkohol-am-Steuer-Straftat begangen zu haben.

Parallel dazu hat die Rückrechnung aber auch Auswirkungen auf die Schuldfähigkeit des Zwerges. Immerhin hat der Zwerg Japaner beleidigt, Gläser zerstört und Lothar Matthäus verprügelt. Je betrunkener er dabei war, desto besser kann sein Strafverteidiger auf verminderte Schuldfähigkeit plädieren. Wieder zugunsten des Zwerges geht der Rechtsstaat in diesem Punkt davon aus, dass sich der Alkohol in seinem Blut zehn Stunden lang, von 19 Uhr bis 5 Uhr morgens, mit 0,2 Promille abgebaut hat. Das heißt, in diesem Falle kommen zu den gemessenen 0,2 Promille noch einmal 2,0 Promille drauf. Der Zwerg kann sich nun zu seinen Gunsten darauf berufen, zum Tatzeitpunkt 2,2 Promille intus gehabt zu haben. Damit hat sein Verteidiger gute Argumente für seine verminderte Schuldfähigkeit. Sieht das Gericht das genauso, dann wird seine Strafe wegen Beleidigung, Sachbeschädigung und Körperverletzung gemildert.

Für den Trinker im Rechtsstaat ist es also möglich, zum selben Zeitpunkt 1,0 und 2,2 Promille im Blut gehabt zu haben. Und zwar immer zu seinen Gunsten. Sollten Sie sich also einmal einem Blutalkoholtest unterziehen müssen, weil Sie sowohl im Straßenverkehr als auch außerhalb betrunken Blödsinn gemacht haben, dann diskutieren Sie bitte möglichst lange mit den beteiligten Polizisten, Ärzten und sonstigen Personen darüber, ob Ihnen Blut entnommen werden darf oder nicht. Überbrücken Sie entstehende Wartezeiten, wann immer möglich, mit weiteren alkoholischen Getränken. Je mehr Zeit zwischen Blutentnahme und Tat verstreicht, desto besser ist das für Sie!

Woher kommt der Ausdruck »blau sein«?

Die Redewendung »blau sein« hat in der Tat viel mit den neuen blauen Uniformen der Polizei zu tun. Im Mittelalter gab es nur eine Möglichkeit, Stoffe blau einzufärben: Man nahm ein bestimmtes Wildkraut und löste es in Urin auf. Das gab eine Pampe, die so aussah wie alte Polizeihosen: braun. Darin weichte man den zu färbenden Stoff einen Tag lang ein. In der Regel sonntags. Am nächsten Tag ließ man den nassen Stoff an der Luft oxidieren. Dabei wurde der Stoff dann blau.

Um möglichst viel Urin zu produzieren, tranken die Färber möglichst viel Bier. Sonntagabends waren die Färber dann rotzbesoffen, sprich: blau. Montags konnten die blauen Färber neben den trocknenden und blau werdenden Stoffen ihren Rausch abbauen.

Die Ausdrücke »blau sein«, »blau machen« und »blauer Montag« haben also alle denselben Hintergrund: Es gibt einfach sehr viele Menschen, die blaue Hosen tragen. Und sei es nur, weil blaue Uniformen einfach besser zur Klientel passen.

Klugscheißerwissen, das Sie in jede Diskussion zum Thema Alkohol einwerfen sollten

Konkretes Gefährdungsdelikt

Zwischen 0,3 und 1,0 Promille ist Alkohol am Steuer nur dann strafbar, wenn Sie konkrete Ausfallerscheinungen zeigen, die den Straßenverkehr gefährden.

Abstraktes Gefährdungsdelikt

Bei über 1,0 Promille stellen Sie im Straßenverkehr auch ohne Ausfallerscheinungen eine abstrakte Gefahr für die Mitmenschen dar und machen sich strafbar.

Eingeschränkte Schuldfähigkeit

Ab 2,0 kann Ihr Strafverteidiger versuchen, bezüglich all des Blödsinns, den Sie betrunken angestellt haben, auf eingeschränkte Schuldfähigkeit zu plädieren. Ihre Strafe kann dann gemindert werden.

Schuldunfähigkeit

Ab 3,0 Promille lässt das Gericht mit sich reden, ob Sie trotz Ihrer Straftaten wegen Schuldunfähigkeit straffrei davonkommen.

Vollrausch

Wenn Sie wegen Vollrauschs straffrei davonkommen, werden Sie zumindest wegen des Vollrauschs an sich bestraft. In der Regel aber geringer als für die nüchtern begangene Tat.

Actio libera in causa
Wenn Sie bereits nüchtern eine Tat planen, die Sie dann absichtlich besoffen begehen, werden Sie trotzdem bestraft.

Rückrechnung
Alkohol baut sich im Körper mit 0,1 bis 0,2 Promille pro Stunde ab, und zwar immer zu Ihren Gunsten. Je mehr Zeit zwischen einer Straftat unter Alkoholeinfluss und der Messung Ihres Blutalkoholwertes vergeht, umso mehr Optionen hat Ihr Verteidiger.

DANK

Danke! Dies ist mein erstes Buch. Jedenfalls das erste, das ich geschrieben habe. Natürlich habe ich vor diesem Buch schon andere gelesen. Ich mochte auch immer die Danksagungen in anderen Büchern. Anschließend hatte ich immer das Gefühl, man könne ein Buch nicht schreiben, ohne mindestens den Beraterstab von Paris Hilton als Unterstützung gehabt zu haben.
Ich möchte am Ende dieses Buches nun niemanden vor den Kopf stoßen, weil ich vergessen habe, seinen Namen auf eine Dankesliste zu setzen.
Dank ist etwas sehr Persönliches. Ich möchte mich gerne individuell, exklusiv und umfassend bei jedem Einzelnen bedanken, der an diesem Buch beteiligt war. Tragt/Tragen Sie dafür doch bitte Ihren/euren Namen in der unten stehenden Freizeile ein. Besten Dank!

Ich bedanke mich ausdrücklich für die unermüdliche Unterstützung von ______________________. Ohne dich/Sie wäre dieses Buch nicht möglich gewesen.

Bonn, im Herbst 2015
Karsten Dusse

Herzlichen Glückwunsch! Sie haben entweder

a) das ganze Buch von vorne bis hierhin durchgelesen

oder sind

b) durch pures Blättern an diese Stelle gelangt.

In beiden Fällen haben Sie nun die fantastische Möglichkeit, das ohnehin schon eingedampfte juristische Halbwissen dieses Buches in gänzlich konzentrierter Form zu genießen: in bloßen Stichwörtern.

STICHWORTVERZEICHNIS

BILDNACHWEIS

AdobeStock: 31 (Morphart), 32 li. (Ingo Bartussek), 32 re. (micmacpics), 62 (lucato), 65 li. (BillionPhotos.com), 62 re. (AlcelVision), 77 li. (Syda Productions), 77 re. (Mat Hayward), 91 li. (Knut Wiarda), 91 re. (powell83), 110 re. (Aliaksei Lasevich), 119 (Halfpoint), 143 li. (Robert Hoetink), 143 re. (Racamani), 158 (Dmitry Berg), 172 re. (Marco2811), 185 (Kzenon), 186 (luckybusiness), 194 li. (Erica Guilane-Nachez), 194 re. (zstockill), 200 li. (Alexander Raths), 209 (RockYourWeb.de), 285 li. (Andrew Bayda), 285 re. (Carolyn Franks); GettyImages: 110 li. (Westend61), 200 re. (Casarsa); mauritius images: 216 li. (Michael Weber/imageBROKER); Rainer Sturm/Pixelio.com: 90; Rawpixel: U1; Wikimedia Commons: 96 (https://commons.wikimedia.org/wiki/File:Gesetz_zur_Behebung_der_Not_von_Volk_und_Staat_1933.jpg)